JN124650

ソーシャルネットワーク時代の
情報モラルとセキュリティ

著者：山住 富也

近代科学社Digital

はじめに

　ソーシャルネットワークサービスが生活の中に深く浸透し、販売促進に活用する企業も出てきました。また、コロナ禍において、学校では対面授業とオンライン授業を併用し、企業ではテレワークが推進されました。インターネットとそれを支える通信技術は重要なインフラとして定着しましたが、その一方で、インターネットを通したつながりが、事件や犯罪に巻き込まれる原因にもなることもあります。SNSでは自分や他人が傷ついたり傷つけられたりするトラブルが多発しており、ユーザ自身が、情報モラルを理解し、身につける必要があります。

　本書は、ソーシャルネットワークの時代において、安全にインターネットを活用するための手引きです。一般に「モラル」や「倫理」、「セキュリティ」の話は、注意書のようになって堅苦しく、面白みがないように思います。そこで、本書ではグループディスカッションをしながらのアクティブラーニング（学習者主導の学び）を実践するために、各節の終わりに課題を準備しました。予習として本文を各自で読んでおき、授業では課題に個人またはグループで取り組みましょう。1人で考えるよりも、3人ぐらいの小グループで調査したり意見を交換したりして、学習者が主体となって勉強を進めましょう。

　本書を読んでから、さらにインターネットを活用し調べたことをスライドにまとめて発表し、お互いの発表を比較するのもよいでしょう。パソコン以外にもスマートフォン、タブレットといった情報端末を利用できる環境でしたら、最新のネット犯罪や法改正の動向を調査したり、Webサイトからデータを読み取ったりする訓練もできるでしょう。もし、教育する側の立場の先生にこの本を手に取っていただけたなら、さまざまな授業設計にご活用いただけますと幸いです。

　本書は3部構成です。第1部は情報化社会とインターネットの仕組みで、進化を続けてきた情報化社会について解説します。第2部はネット犯罪と法律で、実際に起こっている犯罪とそれに関わる法律について理解します。第3部は情報セキュリティで、コンピュータウィルス対策と認証や暗号などの技術について学習します。本書を通して、被害者・加害者にならないためのスキルや知識、すなわちメディアリテラシーを身につけましょう。

　最後に、原稿制作に当たりご尽力いただきました近代科学社の石井沙知様と山根加那子様に感謝の意を表します。

　なお、本書は『ネットワーク社会の情報倫理』（2005年）を元に内容を改訂した『モバイルネットワーク時代の情報倫理』（2009年初版、2015年第2版）をさらに改訂し、新版として執筆しました。

2021年7月　著者

目次

第1部　情報化社会とインターネットの仕組み

第2部　ネット犯罪と法律

第3部　情報セキュリティ

第1部

情報化社会と
インターネットの仕組み

情報やそれを支える情報技術 (IT：Information Technology) が産業、経済、文化など生活や実社会の中で大きな役割を担う社会を「情報化社会」といいます。近年ではネットワークが人を結びつける重要な技術となり、情報通信技術 (ICT：Information and Communication Technology) という言葉を耳にするようになりました。

第1部では、情報化社会で提供され利用されているさまざまなサービスとそれを支えるインターネットの仕組みについて基本事項を学習しましょう。

第1章　ソーシャルネットワークの時代

昨今、あらゆる世代でスマートフォンやタブレットなどのデジタル端末を所有しています。そして、SNS(Social Network Service)を活用して情報を受発信しています。

これまで紙やアナログで行われてきたことがデジタル化され、音楽や動画がインターネットで配信されるようになりました。メディア配信の中心であったテレビとラジオからインターネットに取って代わり、多種多様なコンテンツが無数に存在しています。インターネットの出現による大きな時代のうねりは、パソコンなどを使いこなす者と、使いこなせない者にデジタルデバイドという格差をもたらしました。

この章では、情報化によって実際に起きている私たちの生活の変化と問題点について取り上げていきます。

1.1　情報活用による生活の変化

インターネットの出現と普及により、私たちの生活は非常に大きな影響を受けています。ネットバンキング(internet banking)を使えば会社や自宅からでも銀行の窓口で行っていた手続きが可能です。また、コンピュータ以外の機器にもネットワークの通信機能が組み込まれ、携帯電話やGPSでモバイル通信(mobile communication)が行われています。

情報の発信も簡単になりました。登録すれば無料で電子メールのアカウントを取得したり、Webページを作成してアップロードしたりすることもできます。

このように生活の中にコンピュータやネットワークが組み込まれ、意識することなく活用している環境を「ユビキタスコンピューティング」(ubiquitous computing)といいます。「ユビキタス」とはラテン語の"ubique"が語源で、「いつでも」、「あらゆるところで」という意味です。「目に見えない」ほど、また「区別がつかない」ほど情報機器が日常に織り込まれた社会で私たちは生活しています。

最近は、IoT(Internet of Things)、すなわち「モノのインターネット」という言葉が聞かれるようになりました。コンピュータやモバイル機器以外のモノもインターネットに接続して使われる時代です。

1.1.1　スマートフォンとタブレット端末

2007年に"iPhone"が発表されて以来、スマートフォンが爆発的に普及しています。音楽や動画の他に、アプリをインストールすることにより便利なツールとして使ったり、ゲームなどを楽しんだりすることもできます。携帯電話の進化形でなく、パソコンが小型化したものと考えた方がよいでしょう。

さらに、2010年にはタブレット端末"iPad"が発表されました。パソコンとスマートフォンの中間に位置するような存在として、多くのユーザに受け入れられました。

ところが、あまりにもスマートフォンに夢中になり、歩きながら（または自転車を運転しながら）スマートフォンを使って周囲が見えなくなり、誰かとぶつかったり、駅のホームから転落したりするなどの事故も多発しています。「歩きスマホ」はもはや社会問題です。

アプリの中には不正なものも存在し、インストールするとスマートフォンやタブレットの情報を抜き取られることがあります。また、最近は街中に多くのWi-Fiスポットが存在しますが、ハニーポットと呼ばれる個人情報を収集する目的のスポットもあります。パスワードがかかっていないからといってむやみにアクセスするのは危険が伴います。

1.1.2 ネットショッピング

店舗を持たない通信販売においては、商品の写真や値段と詳細説明が記載されたカタログを顧客に送付し、電話やFAXで受注しています。それをWebサイト上で行っているのが「ネットショッピング」(internet shopping) です。カタログをWebページに掲載し、受注も行います。顧客の情報はデータベースを設置して管理します。ここでいう情報とは、ユーザID(user identification)とパスワード(password)のような、ユーザ認証に必要となる情報と、ショッピングに関するさまざまな記録（購入商品、購入時期、個数等）です。顧客データをもとに、次の購買意欲につながるような情報をメールで送信したり、Webページにアクセスしたときに表示したりします。郵送料と比較して通信費が大幅に節減できますし、自動管理できる部分も多くあります。

家賃や人件費を大幅に削減できることから、実店舗を中心に営業してきた業者がWebサイト中心の営業に移行する動きもあります。スマートフォンの専用アプリを使って注文から配送までをスムーズに行うことで、ユーザの利便性をはかる工夫をしている企業も増えてきました。

しかし、このような電子商取引では相手の顔が見えないため、代金をだまし取られるネット詐欺が後を絶ちません。また、顧客情報が外部に流出する事件も多発しています。同様に「ネットオークション」(internet auction)においてもユーザをだます悪質で巧妙な手口がいくつか知られています。

1.1.3 情報検索

インターネット上には無限ともいえるほど多くの情報が存在します。その中から自分にとって有益な情報を探したい場合、「検索エンジン」(search engine) を使います。インターネットへの「入り口」という意味で「ポータルサイト」(portal site) とも呼ばれます。

検索エンジンは、インターネット上で公開されている情報をカテゴリ別に分類して検索する「ディレクトリ型」と、データベースに蓄えたWebサイト全文の中からキーワードによって検索する「全文検索型」があります。また、「ディレクトリ型」と「全文検索型」を組み合わせた検索エンジンもあります。検索エンジンへWebサイトなどの情報を登録する方法は、申請に応じてスタッフにより手作業で行われるものと、ロボットと呼ばれるプログラムを使って、Webページの内容やアドレスを収集する「ロボット型」があります。キーワードで検索すると、関連性の高い順序でWebサイトを表示します。登録されている情報数や、内容の審査、関連性の順位付けなどは検索エンジンによって異なります。

検索エンジンは企業広告の掲載料で運営されています。よって、一般のユーザは無料で利用することができます。ユーザがインターネットで情報を探す場合、検索エンジンは最初に利用するサイトになっていますので、企業の広報手段として表示順位を上位にするためにさまざまな競争がなされています。

　また、辞書や用語辞典として公開されているWebサイトもあります。中でも「ウィキペディア(Wikipedia)」は誰でも追記・編集できるオープンコンテント（open content：文書などのコンテンツが共有状態に置かれる）の百科事典です。インターネットを介して成長している地球規模の辞書といえるでしょう。

1.1.4　電子メールとWebページ
電子メールとWebページはインターネットで最も利用されるサービスです。

■ Webメール(Web mail)
　電子メールはコンピュータや携帯端末で情報を発信する手段としてすでに定着しています。GoogleやYahoo!などの大手サイトではWebメールサービス（フリーメール）が利用できます。これらのWebサイトで登録すれば、無料でアカウントを取得できます。Webページを閲覧する環境さえあれば、出先からでも電子メールを送受信できます。
　連絡手段として最も高速かつ安価なため、独自のサイトにWebメールの環境を整えて、電子メールの利用を推進している企業や大学も少なくありません。

■ SMS(Short Message Service)
　SMSは携帯端末同士で電話番号を宛先として、短いメッセージを送受信できるサービスのことです。通信業者ごとに送信可能な文字数や料金が設定されています。文字だけでなく、画像や動画を添付して送信することもできます。

■ Webページの掲載
　Webページを個人で作成して掲載するのは手間のかかる作業ですが、プロバイダや大手サイトでは、会員ユーザのWebページを無料で掲載するサービスもあります。中でも「ブログ(blog)」は、非常に人気のあるサービスです。ブログはウェブ・ログ(web-log)が略された言葉で、日記のように自分の行動や身辺で起こったことなどを日々掲載し更新されていくWebサイトのことをいいます。単なる日記のみでなく、他の人と共通の話題について意見交換する形式のサイトも多数存在します。
　一方で、中傷やいじめを目的とした「裏サイト」、犯罪を誘引する「闇サイト」などの存在が大きな問題となっています。自由に情報を掲載できる反面、常に公序良俗に反する情報が発信される危険が伴います。

1.1.5　オンラインゲーム(online game)
　同時に複数の人がインターネットを介して行うコンピュータゲームを「オンラインゲーム」といいます。ゲームの相手をインターネット上で新しく探して行うことができますので、コミュニケーションの一つといえます。各ユーザはゲームソフトをコンピュータにインストールし、対戦成績や途中経過などのデータをインターネットで公開しながらゲームを進行します。コンピュータに限らずインターネットへ接続可能なゲーム機を使ったオンラインゲームもあります。

　人々のゲームへの興味は非常に高く、加熱しています。このことから、ゲームサイトで自分の欲しいアイテムを他人から不正に奪ったり、パスワードを盗んでプレイしたりする事件が起こっています。また、ゲームで知り合った相手とトラブルが起き、実際に暴力事件に及んだ例があります。

　オンラインゲームには次のような禁止事項があります。

■チートツール (cheat tool)

　チート (cheat) は欺くという意味です。チートツールは、オンラインゲームでゲームの運営会社が意図しない動作を行わせる不正プログラムです。ゲームを優位に進める目的で、自分のキャラクターをレベルアップしたり、ゲーム空間での所持金を一気に増やしたりします。チートツールを使うと、違法行為として処罰対象となります。ゲーム運営会社に損害が発生すると、損害賠償請求されます（チートツールの提供も同様に処罰対象となります）。

■リアルマネートレード (RMT：Real Money Trade)

　オンラインゲームという仮想世界で用いられる武器や通貨を、現金で取り引きする行為です。ほとんどのオンラインゲームの運営会社は、犯罪に結びつく危険性からRMTを禁止しています。

　他にもオンラインゲームにはゲーム障害という深刻な問題もあります。ゲーム障害とはゲーム依存症のことです。ちょっとした息抜きで始めたオンラインゲームにはまり込み、現実の生活に支障が出ている状態です。オンラインゲームは常にアップデートされますので、際限なくゲームが続きます。ゲーム仲間とのコミュニケーションが生まれ、実世界よりも架空空間に依存するケースが多々あります。いつのまにか、オンラインゲーム中心の生活となり、学業や食事・睡眠の時間を削るようになります。常にゲームのことを考え、それを指摘されるとイライラしたり、激怒したりするようになり、ついに健康を害し、人間関係や日常生活が壊れてしまいます。

　このような状況に陥る前に、ゲームの時間を決めるなどして依存症になるのを防止しましょう。もし、自分や身内がゲーム障害となった場合は専門の機関に相談しましょう。

1.1.6　遠隔授業

　2020年、コロナウィルス感染拡大防止のため、ビデオチャットシステムなどを利用した遠隔授業が行われるようになりました。遠隔授業を対面授業と併用し、ハイブリッド型の授業を行う学校も増えています。通学の時間を節約し、自宅で受けることができる遠隔授業ですが、次のことに気をつけて受講しましょう。

・ビデオチャットシステム（アプリ）は正規サイトからダウンロードする。
　非正規サイト（偽サイト）からダウンロードして、有害なプログラムに感染したケースがあります。

・個人情報の写り込みに注意する。

　バーチャル背景を使うなど工夫して、自分の部屋など、家の中の情報がカメラに映らないように気をつけましょう。また、許可なく授業を録画しないようにしましょう。

・関係者以外の侵入に注意する。
　メールなどを使ってミーティングのURLが送信されてきても、関係者以外には転送しないようにして侵入や盗聴を防止しましょう。

・対面授業と同様のマナーを守る。
　先生や他の受講者からもわかるように、ビデオチャットシステムには本名（必要なら所属も）を表示しましょう。きちんとした身だしなみ（服装）を心がけてください。開講時間を守り、授業に遅刻しないようにアクセスしましょう。また、他事をしながらの受講はやめて、授業に集中しましょう。

　なお、自分の所持する情報端末を授業や仕事に利用することをBYOD(Bring Your Own Device)といいます。使い慣れた端末を使用することにより作業効率の向上が期待されます。
　オンライン授業やテレワークの導入により、BYODは一層進んでいます。しかし、端末の盗難や紛失、置き忘れなどには十分注意が必要です。また、ウィルス対策ソフトやOSのアップデートなどは端末の所持者自身の責任ですので、セキュリティを常に意識しましょう。

アクティブラーニング
　次の課題について、調べて発表してみよう。

課題1.1.1　オンラインゲームにおけるトラブルについて具体的な事例を調べなさい。

課題1.1.2　掲示板やコミュニティサイト、対話アプリで問題となっていることは何か。具体的な事例を挙げて説明し、問題の防止策や解決策を調べなさい。

課題1.1.3　オンラインゲームでRMTを行うと、法律上どのような問題があるか調べなさい。

課題1.1.4　遠隔授業において、背景の写り込みからどのようなトラブルに発展するか調べなさい。

課題1.1.5　自分のブログに好きなアーティストの写真を貼り付け、楽曲をBGMとして再生できるようにすると、法律上どのような問題があるか調べなさい（第4章4.3節参照）。

課題1.1.6　YouTubeに有料ゲームの実況をしている動画をアップロードし、無制限に閲覧可能にすると、どのような問題があるか調べなさい（第4章4.3節参照）。

1.2　情報技術の進化

コンピュータ上もしくはインターネット上で送受信される情報は「デジタル化」されています。すなわち、紙のような物体でなく、"0"と"1"の2つの値を組み合わせて表されるデータに変換されています。共通の形式でデジタル化することにより、世界中のコンピュータで情報交換ができるのです。また、「もの」を持ち歩く代わりに、デジタル化された情報をUSBメモリ、SDカード、ポータブルなHDDやSSDといった「メディア」（media：媒体）で持ち運ぶことができます。

すでにデジタル化され、日常生活の中で活用されているものはたくさんありますが、代表的なものをいくつか挙げましょう。

1.2.1　デジタル化される情報

書籍や通貨などはデジタル化されることで、実物を持たずに利用できるようになりました。

■電子書籍

電子書籍はeBookとも呼ばれ、スマートフォンやタブレット端末などの画面上で、紙の本と同様の感覚でページをめくりながら読まれる書籍の総称です。Amazon Kindleは専用端末やアプリを使って電子書籍を読むことのできるサービスの代表です。電子書籍の著作権を保護するため、ライセンス（有料）を入手して、コンテンツをダウンロードします。

■電子マネー (electronic money)

電子マネーはインターネット上の電子商取引や、現金やクレジットカードなしでの買い物に利用するための、デジタル化された通貨です。電子通貨、電子貨幣ともいわれます。

ICカードを使った電子マネーでは、最初にICカードにチャージ（入金）し、支払いに応じて残額を記録します。クレジットカードと異なり、利用したその場で即時決済を行うシステムになっており、携帯端末にICカードが組み込まれた「おサイフケータイ」も利用されています。また、電子マネーの残額管理を行うソフトウェアをコンピュータにインストールし、ネットワークを介して決済を行う方法もあります。

■暗号資産（仮想通貨）

暗号資産は、インターネット上で物やサービスの対価として利用できる財産です。事業者（取引所、交換所）から入手したり、法定通貨（円やドルなど）と交換したりすることができ、ビットコインやイーサリアムなどがよく知られています。

暗号資産は、法定通貨と異なり価格変動が大きいため、扱いには十分な知識が必要になります。また、詐欺などのトラブルが何度も起こっています。

1.2.2　電子情報を扱うシステム

情報がデジタル化されることで利便性が高まり、さらにデジタルデータを有効活用できる仕組みが確立してきました。

■POS(Point of Sales)

　POSとは「販売時点」という意味です。商品が売買された時点で、「いつ・どの商品が・誰に・どんな価格で・いくつ売れたか」などをリアルタイムに集計し、経営側が売上の傾向を把握し、在庫管理や物流、商品開発に情報を活用するためのシステムです。現在、ほとんどのコンビニや百貨店などに専用のレジスタが設置され、ネットワークを通してデータが蓄積されています。

■GPS(Global Positioning System)

　人工衛星を利用して地球上における位置を割り出すシステムです。軍事利用を目的に開発されていましたが、現在は低価格化とネットワーク環境の整備が進み、地図を表示したり、カーナビゲーションシステムに組み込まれたりするようになりました。GPS機能付きの携帯端末は、子供の位置を把握する目的で使われることもあります。

■マイナンバー制度

　社会保障・税番号制度のことで、国民総背番号制と言われたものです。2013年5月に「行政手続における特定の個人を識別するための番号の利用等に関する法律」が国会で成立し、2016年1月からマイナンバー制度が開始され、各自治体から個人番号が支給されました。マイナンバーは給与・税金や医療などさまざまな個人情報と結びついていますので、各個人だけでなく、自治体や企業などあらゆる場所での管理が重要になります。

1.2.3　ITの活用と問題点

　ITは進化を続け、新しい技術が登場しますが、ルール違反や悪用に注意しなければなりません。

■ドローン (drone)

　ドローンは遠隔操作もしくは自動操縦により飛行させる事ができる無人航空機です（重量200g以上）。空撮を目的として多用されています。

　ドローンの飛行については、改正航空法による規制を理解しておく必要があります。人口集中地域や空港周辺は飛行禁止区域となっています。夜間や目視外での飛行も禁止です。また、操縦者以外の人や物件から30m以上の距離をとらなければなりません。そして、適切な飛行場所、時間について、国土交通省に飛行許可申請書を提出し許可を得る必要があります。自分で空撮などを行う場合、ルールを守り、経験者から指導を受けながら安全に飛行させましょう。

■3Dプリンタ

　3Dプリンタは、CADのデータ（設計図）をもとに薄い層を積み重ね、立体造形物を生成する装置です。造形方式には、光造形方式や熱溶解積層方式(FDM：Fused Deposition Modeling)などがあります。

　3Dプリンタを使って拳銃を製造したり、通貨を偽造したりするという犯罪が起こっています。また、ブランド品の模造、鍵の無断複製という事例もあります。法律での規制についてはさまざまな議論がありますが、3Dプリンタを悪用し、犯罪に手を染めてはいけません。

■スキャナによる自炊

　スキャナは紙面に描かれた情報をデジタルデータとして取り込む機器です。書籍や絵画のような著作物も取り込むことができますが、それを勝手に他人にコピーして渡したり販売したりすると、著作権法違反となります。

アクティブラーニング

　次の課題について、調べて発表してみよう。

課題1.2.1　近年、電子化（デジタル化）が進められているものについて具体例を調べなさい。また、電子化されたことにより、どのような利点と問題点があるか調べなさい。

課題1.2.2　PayPayやQUICPayなどのスマホ決済サービスを具体的に挙げ、どのような利便性や危険性があるか具体的に調べなさい。

課題1.2.3　ドローン（小型無人航空機）を使って空撮する際に、気をつけるべきことや守るべきルールを調べなさい。

課題1.2.4　3Dプリンタ、デジタルスキャナやそれ以外の情報機器を使用する場合、気をつけるべきことや守るべきルールを調べなさい。また、具体的なトラブルの事例を調べなさい。

課題1.2.5　マイナンバーが流出し悪意のある者に知れると、どのような問題が発生するか調べなさい。

課題1.2.6　インターネットバンキングやクレジット決済で他人の認証情報を窃取し、不正送金をすると、法律上どのような犯罪となるか調べなさい（第4章4.1節参照）。

課題1.2.7　スマホ決済サービスPayPayで決済サービスに不正にログインし、他人の銀行口座から不正に残高をチャージすると、法律上どのような犯罪となるか調べなさい。同様に、スマホ決済サービスLINE Payに不正にログインし、連携している銀行口座から不正な金銭の引き出しを行うとどのような犯罪となるか調べなさい（第4章4.1節参照）。

1.3　SNS

　SNSはSocial Networking Serviceの略称で、インターネットで特に人気の高いサービスです。SNSをきっかけとするコミュニケーションも激増し、販売促進のツールとして経営戦略にも利用されるようになりました。

1.3.1　SNSの歩みと特性

　SNSはこれまでにさまざまな種類のサービスが生まれ、現在も非常に親しまれています。各

SNSがサービス開始された年は以下の通りです。

　2003年　LinkedIn　ビジネス上の相手に限定して繋がるSNS

　2004年　Facebook　学生同士のプロフィール閲覧を目的としたSNS

　2004年　GREE　日本での先駆けとなったSNS

　2004年　mixi　既存参加者からの招待制SNS

　2005年　YouTube　Googleが提供する動画共有SNS

　2006年　Twitter　ツイート（140文字以内のつぶやき）を投稿するSNS

　2010年　Instagram　写真・動画を投稿・共有するSNS

　2011年　LINE　無料でメッセージ交換や通話ができるSNS

　2016年　TikTok　短い動画を投稿するSNS

■コミュニティ型サイト

　コミュニティ型サイトは人と人とのコミュニケーションを促進・サポートすることを目的とした会員制のWebサイトの総称です。SNSにはプロフィール掲載、日記の書き込みの他、多くの機能があります。ブログも広い意味でSNSに含まれます。

　Facebookはマーク・ザッカーバーグがハーバード大学に在籍中に開設した世界最大のSNSです。実名でユーザ登録するところが他のサイトと異なります。日本では"GREE"や"mixi"が先駆けとなったSNSとして有名です。mixiでは、参加するためには、既存の参加者からの招待が必要です。また、Twitterも世界中にユーザを持つコミュニティ型サイトで、140文字以内のツイート（tweet：つぶやき）を投稿するサービスです。ユーザのツイートは時系列でタイムラインに表示されて流れていきます。また、他のユーザを追跡することをフォローといいます。

■対話アプリ

　2011年6月にLINEという対話アプリが登場しました。ユーザ登録すれば、文字での対話のほか無料通話もできます。中高生の間で瞬く間に広がり、2014年にはユーザ数が世界で5億人に達しました。24時間友達と無料で会話できるので、LINE中毒という社会問題にまで発展しました。また、メッセージを受け取りすぐに返信しないと、「既読無視」したとして反発を受けるため返信しなければならない、という強迫観念から、深夜でもLINEを使い続けるという問題もあります。さらに、LINEのIDを乗っ取り、なりすまして詐欺に使うという犯罪も起こっています。

　対話アプリは他にもカカオトークなどがあります。これらのアプリは、デフォルト設定のままだと見知らぬユーザからもIDを検索される、友達に追加されるという危険があります。新たなつながりを求めるおもしろさの反面、危険が隣り合わせです。よって、

　・ID検索を許可しない。

　・知らない人に友達への追加を許可しない。

　・タイムラインは投稿前に公開範囲を限定する。

という3点は必ず設定して使うべきです。もちろん、掲示板などに対話アプリのIDを公開してはいけません。

1.3.2　SNSの弊害

　文章、写真、動画など、自由に情報を発信することができるSNSは、サービスが始まると瞬く間に利用者が広がります。インターネットを通して人とつながる面白さは、多くのユーザを虜にしていきます。反面、トラブルや犯罪が頻発するようになりました。

■誹謗中傷

　顔が見えないSNSの世界で、誹謗中傷は大変大きな問題です。自分は陰に隠れて他人に石を投げつけるような行為です。SNSの誹謗中傷に追い込まれて自ら命を絶つ人が何人もいます。2020年には女子プロレスの選手がSNSで傷ついた結果、自殺するというショッキングなニュースが飛び込んできました。

　「炎上」は、大勢が個人（または特定の団体）をSNSで攻撃している状態です。たたかれている側は、周囲が敵ばかりに見え、精神的に追い詰められていきます。SNSが凶器や暴力となって襲いかかる瞬間です。

　このような誹謗中傷の加害者にならないよう、人を傷つける行為に加担していないか、発言を投稿する前によく考えてください。攻撃側は面白半分でも、被害者にとっては大きな傷になり、最悪の場合、自殺のような事件に発展しかねません。

■フェイクニュース (fake news)

　フェイクニュースは、嘘やデマ、誤情報や偽情報を事実のように報じたものです。フェイクニュースが拡散して現実世界にマイナス影響をもたらすことがあります。一目でジョークと判断できるようなものもありますが、本当に起こっている事件と錯覚させるようなものもあり、混乱に発展したケースもあります。

　2016年4月に発生した熊本地震の後で、「動物園からライオンが逃げた」というデマがTwitterに写真付きで投稿、拡散され、騒ぎとなりました。このツイートの発信者は業務妨害罪で逮捕されましたが、大地震で不安になっていた市民にとっても動物園側にとっても大変な迷惑行為です。デマを流した本人にとっては冗談でも、これは犯罪行為です。情報発信する際は、他人や社会の迷惑とならないかよく考えましょう。

■ディープフェイク (deepfake)

　人工知能の技術を使って、人間の動画や音声を操作して、実際にその人が行っているかのように見せるテクニックです。ディープフェイクは市販されているソフトウェアなどでも生成可能であることから、犯罪に使われる危険性があり、問題視されています。SNSに拡散されると、偽物を検出するシステムはありませんので、人が見破ることは困難です。

　ディープフェイクを使って、世論操作のため政治家が実際に発言しているような動画を作成した例があります。また、AV動画に有名人の顔をつないだディープフェイクポルノも問題となっています。音声の合成技術を使って本人そっくりの声を作り出すこともできますので、電話による詐欺に悪用されることもあります。

1.3.3　SNSの危険

　SNSは悪意のあるユーザも利用します。思いもよらぬことで犯罪に巻き込まれる危険があります。

■リベンジポルノ

　別れた交際相手などの性的な画像を、相手への嫌がらせや復讐を目的として、同意なしでインターネット上に拡散する行為です。一度拡散すると半永久的にインターネット上に画像が残りますので、被害者は大きな苦痛を被ります。たとえ恋人同士であっても、後で困るような写真は撮影するべき（撮影させるべき）ではありません。

　リベンジポルノが多発したことから、2014年に「私事性的画像記録の提供等による被害の防止に関する法律」（通称：リベンジポルノ防止法）が公布されました。性的写真をインターネット上に投稿すると、3年以下の懲役又は50万円以下の罰金刑となります。

■特定班

　SNSの発信情報をもとに個人や場所などを特定するユーザを特定班犯といいます。Twitterや Instagram に掲載されている文字情報や写真などを足がかりにして、発信者の本名、住所、学校、などを特定します。

　単に人や住所などを特定されただけなら実害はありませんが、犯罪に悪用されるケースもあります。「これから1週間休暇でヨーロッパ旅行！！」と写真入りのツイートをしたのがきっかけで、住所を特定され空き巣に入られたケースがあります。犯人は、被害者の過去のツイートを遡って投稿されていた写真などをヒントにして、個人情報を調べ上げました。よって、SNSに個人が特定できるような情報をアップロードしないよう、日頃から気をつけなければなりません。悪意のある人物が、常にあなたの財産を狙っている可能性があるという認識を持ちましょう。

　その他、特定班には、攻撃したい個人をつるし上げようとしたり、意図的に炎上騒ぎをたきつける目的で徹底的に調べ上げたりする人もいます。中には、個人情報を特定することをゲームのように競い合っている場合もあります。ある事件では、特定班によって無関係の人物がネットでさらされ、犯人扱いされたケースもあります。被害に遭った側は、全くの濡れ衣で社会的信用を失い、それが間違いであることを示すため、大変な労力が必要となりました。

　インターネット上の情報をたどるとさまざまな個人情報に行き着くかもしれませんが、自分が知った個人情報を悪用したり、むやみにネット上に公開したりしてはいけません。

■インフルエンサー (influencer)

　SNSで情報を発信することで、他人に対して大きな影響を与える人をインフルエンサーといいます。影響という意味の"influence"が語源です。インフルエンサーがある商品を高評価すれば、売り上げが伸びます。それを企業が宣伝に活用することをインフルエンサー・マーケティングといいます。中でもインスタグラムでフォロワーが多いインフルエンサーは影響力が高く、実際にマーケティングに使われています。

　一方で、ステマ（ステルスマーケティング）が問題となっています。これは、インフルエンサーや著名人が、SNSで企業から依頼を受けて（報酬を得て）いることを隠して商品を紹介、評価す

ることです。このような、一般ユーザをだます行為が横行していると考えられますので、ネット通販などを利用する際は、できるだけ情報を集めて十分な検討をしてから買い物をしましょう。

　また、SNSで「いいね」の数を増やす、またはフォロワーを登録する「クリック代行ビジネス」という闇の仕事があります。「いいね」やフォロワーが多いほど、評判がよいと思われやすいため、裏側で数を水増しするという不正なビジネスが横行します。現在、取り締まりがなかなか追いついていませんので、SNSの「いいね」やフォロワー数など鵜呑みにせず、自分で情報収集する癖をつけ、ステマや詐欺を見破りましょう。

アクティブラーニング

　次の課題について、調べて発表してみよう。

課題1.3.1　ステマにだまされないようにするには、どのようなことに気をつけるべきか。できるだけ具体的に述べなさい。

課題1.3.2　特定班の行動で問題となることは何か。できるだけ具体的に述べなさい。

課題1.3.3　LINE、Twitter、Instagramをできるだけ安全に利用するため、行うべき「設定」について調べ、一般の人にわかりやすく手順を説明しなさい。

課題1.3.4　Clubhouse、Dispoのように最近登場したSNSを挙げ、それらの特徴や問題点について調べなさい。

課題1.3.5　SNSで人種差別やヘイトスピーチと判断される書き込みをすると、法律上どのような問題となるか調べなさい。

課題1.3.6　SNSで「アダルトサイトを閲覧している姿を撮影した。」という脅迫メッセージを送信し、金銭をだまし取ると、法律上どのような犯罪となるか調べなさい。

課題1.3.7　好意を持った相手に対してSNSでメッセージをしつこく送り続けると、法律上どのような問題となるか調べなさい（第3章3.1節参照）。

課題1.3.8　ネットを使った選挙運動について、政党や候補者および一般市民がしてもよいことと違反となることについて調べなさい。

課題1.3.9　Instagramで芸能人と同姓同名のアカウントを取得し、その芸能人のふりをして写真などを投稿するとどのような問題となるか調べなさい。また、Twitterで芸能人のふりをして投稿すると、どのような問題となるか調べなさい。

1.4　メディアリテラシー

　WWWや電子メールなどインターネットのサービスは、その利便性から業務目的だけでなく一般のユーザにまで広まりました。しかし、怪しい情報を掲載する不審なWebサイトも出現し、メールを使った詐欺事件や他人のパスワードでログインする不正アクセスなど「サイバー犯罪」(cybercrime)も多発しています（cyber-：コンピュータの、ネットワークの）。このような場合、インターネットが犯罪の道具として使われていることになります。

　サイバー犯罪には以下の特徴があります。

・時間と空間に関係なく起こり、一瞬にして世界中に被害が広まる。
・国境がないため、法律の適用を逃れることができる。
・年齢・性別に関係なく巻き込まれる。
・ネットワークで身を隠すことにより、軽い気持ちで犯罪を行う（被害に遭う）。
・被害者と加害者の識別が困難な場合がある。

　インターネットの出現で、これまで伝わるはずのなかった情報がWebやメールに公開されています。また、コンピュータだけでなく携帯電話やスマートフォンも情報端末として使われ、あまり情報機器に触れることのなかった高齢者や児童が犯罪に巻き込まれ始めました。

　このような情報化社会で安全に生活していくためには、情報機器の利用方法と共にインターネットのルールとマナーを理解し遵守する必要があります。不審なサイトを閲覧したり、入力画面でパスワードを送信したりする前に、少なくとも次のことを考えてみましょう。

・他人に迷惑をかけないか。名誉毀損などにあたる書き込みをしていないか。
・自分が犯罪に巻き込まれないか。詐欺や個人情報流出などの危険はないか。
・違法行為に当たらないか。違法サイトを見ていないか。
・ウィルス対策をしているか。コンピュータやシステムが危険にさらされないか。

　一つでも疑わしい場合は、むやみにクリックするのを踏みとどまって、ルールとマナーを確認しましょう。さらに、ルールは万全でないということも覚えておく必要があります。インターネットには国境がありませんので、法律が頼りにならないこともあります。また、これまで考えられなかったようなサイバー犯罪が発生した場合は、法律が制定されるのは、すでに大きな犠牲が払われた後です。

　そこで、少しでも安全にネットワークを利用していくため、ユーザ自身が身につけるべき能力が「メディアリテラシー」(media literacy)です。メディアは情報を伝達する媒体のことで、新聞、テレビ、インターネットなどはすべてメディアにあたります。リテラシーとは「読み書きや計算する能力」です。つまり、メディアリテラシーは「情報媒体を正しく使いこなす能力」ということです。

　インターネットやコンピュータの利用方法とともにルールやマナーを理解し、他人とのコミュニケーションに活用していくスキルは、ますます重要になります。氾濫する情報の中には不適切

なものも含まれますので、自ら信憑性を確かめ、情報を選ぶ能力も必要です。誰もが情報端末を利用し、持ち歩くようになった「モバイルネットワーク時代」にメディアを適切に利用する能力であるメディアリテラシーを身につけましょう。

　なお、メディアリテラシーの概念については、文部科学省の「情報教育の実践と学校の情報化～新「情報教育に関する手引」～第2章 初等中等教育における情報教育の考え方」で「メディアリテラシーの概念とは、メディアの特性を理解し、それを目的に適合的に選択し、活用する能力であり、メディアから発信される情報内容について、批判的に吟味し、理解し、評価し、主体的能動的に選択できる能力を示すもの」と示されています。

アクティブラーニング

　次の課題について、調べて発表してみよう。

課題1.4.1　メディアリテラシーとはどのような概念か調べなさい。また、インターネットを利用する上で必要となるメディアリテラシーとは何か調べなさい。

課題1.4.2　あなたが小学生や中学生のような若年齢層に対してメディアリテラシーを教えるなら、どのように話をしますか。できるだけわかりやすい説明を考えなさい。

課題1.4.3　「倫理」と「情報倫理」はどのような意味か調べなさい。また、「不正のトライアングル」とはどのような理論か説明しなさい。

課題1.4.4　ネット上のデマを鵜呑みにしたり、それを拡散したりしないようにするためには、どのようなことに気をつけるべきか説明しなさい。

課題1.4.5　SNSなどで友人の個人情報が書き込まれて拡散されているのを発見した場合、どのような行動をとるべきか（第3章3.1節参照）。

課題1.4.6　自分が個人情報取扱事業者として一般市民にアンケート調査を行うとき、法律に照らしてどのようなことに留意すべきか調べなさい（第4章4.2節参照）。

課題1.4.7　YouTubeで、まねをすると非常に危険な動画がアップロードされている場合、どのような行動をとるべきか調べなさい（第3章3.1節参照）。

課題1.4.8　スマートフォンに利用していないアダルトサイトの代金を請求するメールがしつこく届くようになった場合、どのように対処すべきか調べなさい（第3章3.2節参照）。

第2章　ネットワークの仕組み

　情報化社会において、インターネットの技術は私たちの生活に入り込んでおり、いつでも情報を取り出したり発信したりできます。しかし、インターネットを使う以上、犯罪に巻き込まれる危険性から身を守るために、情報モラルやセキュリティを理解する必要があります。ネットワークの仕組みを知っておくことは、それらをより深く理解する上で重要です。

　そこで、この章ではネットワークの基本的な仕組みについて学習します。プロバイダやパケットといった言葉について少し詳しく理解しましょう。

　なお、技術的な内容になりますので、この章はいったん読み飛ばして、後で読み返してもかまいません。

2.1　インターネットの構成と通信方式

　まず、インターネットを構成するさまざまな要素と、パケット通信について説明します。

2.1.1　プロバイダ

　インターネットを利用するには、まずISP(Internet Service Provider)に接続します。ISPとはインターネットでさまざまなサービスを提供している運用団体のことで、NTTやKDDIなどがその例です。

　一般家庭の場合、プロバイダへの接続方法はADSL、CATV、FTTHなどがあります（表2.1）。それぞれ回線速度やサービス内容に応じた料金体系となっており、ユーザのコンピュータとプロバイダが提供するネットワーク回線の間には、接続方法に応じた信号に変換するための機器が必要です。近年ではFTTHが主流となり、他の方式は徐々にサービスを終了しています。

表2.1　プロバイダへの接続方式

接続方式	接続機器	概要・特徴等
ADSL (Asymmetric Digital Subscriber Line) 非対称デジタル加入線	ADSL 用モデム	一般の電話回線と共有ができるので導入コストが安い。上り（アップロード）と下り（ダウンロード）の速度が異なり、下りのほうがより高速に設計されている。
CATV (Community Antenna TeleVision) ケーブルテレビ	専用モデム	ケーブルテレビ放送用の回線を使ってインターネット通信を行う。各プロバイダ（CATV局）が提供する専用モデムを利用する。
FTTH (Fiber to the Home) 光ファイバ回線	ONU (Optical Network Unit)	光ファイバケーブルを家庭に引き込み通信を行う。現在、最も高速で安定な通信回線となっている。

2.1.2　サーバとクライアント

　電子メールやWebサイト閲覧のサービスは、インターネットサーバ(internet server)によって提供されます。サーバ(server)は提供者を意味し、サービスを提供するハードウェア（つまりコンピュータ）もしくはソフトウェア（プログラム）のことをサーバと呼んでいます。サーバに対してユーザ側のコンピュータをクライアント(client)といいます（図2.1）。クライアントは顧

客を意味します。

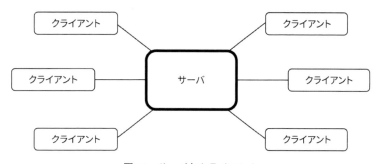

図2.1　サーバとクライアント

　サーバはクライアントからのリクエスト（要求）に応じてサービスを提供します。インターネットで利用されているサービスによって、サーバにもいくつかの種類があります（表2.2）。

表2.2　サーバのサービス・役割

サーバ名	サービス・役割
WWW（World Wide Web）	WWWコンテンツ公開
SMTP（Simple Mail Transfer Protocol）	メール送受信
POP3（Post Office Protocol ver.3）	メール受信
FTP（File Transfer Protocol）	ファイル転送
DNS（Domain Name Sysytem）	IPアドレス変換
DHCP（Dynamic Host Configuration Protocol）	IPアドレス自動割り付け
PROXY	代理サーバ

　ユーザは上記のサービスを利用するにあたり、主としてブラウザ(browser)やメールソフトなどのアプリケーションを使います。アプリケーション上ではあまり意識することはありませんが、サービスごとに通信の方法を定めた約束があり、これを「プロトコル」(protocol)といいます。プロトコルを日本語に訳すと「通信手順」もしくは「通信規約」となります。

　例えば電話を使って通話する場合、相手が応答するまでは「トゥルルル……」、話し中の場合は「ツーツー……」という共通の音が合図となります。また、話し中のときに第三者が割り込まないように回線は排他制御されています。このような通信のための共通ルールはインターネットでも必要となり、サービスごとにプロトコルが定められました。

　また、データを入出力するにあたり、コンピュータでは「ポート」(port)を振り分けてデータの受け渡しを行います。ポートとは、外部とやりとりするためのインターフェース(interface)で、プロトコルごとに標準化された共通の番号が割り付けられています。よく利用されるポート番号とプロトコルを表2.3に示します。

表2.3　ポート番号と通信プロトコル

ポート番号	プロトコル	用途
20	ftp-data	ファイル転送（データ）
21	ftp	ファイル転送（コントロール）
22	ssh	SSH
23	telnet	telnet
25	smtp	メール送受信
53	nameserver	DNS
80	http	WWW
110	pop3	メール受信
119	nntp	ネットニュース
443	https	WWW（セキュア http）

このポートがむやみに開放されていると、クラッカー(cracker)にポートスキャン(port scan)という方法で侵入される危険性があります。そこで、セキュリティ対策ソフトなどを使ってそこを通過するデータを監視することにより、不審な通信を遮断します。

なお、クラッカーとは破壊者という意味で、悪意を持ってコンピュータやネットワークで盗聴、破壊、改ざんを行う者をいいます。クラッカーと時々混同して使われる言葉にハッカー(hacker)がありますが、これはもともとコンピュータ技術に精通した人のことをいいます。

2.1.3　パケット通信方式

インターネットの通信では非常に多くのユーザが回線を共有します。そこで、情報をパケット(packet)いう小さな単位に分割して送受信します。パケットとは郵便小包のことです。

1本の回線に複数のユーザがデータを送信しても、パケットの単位で順次送り出すことにより、回線を共有することができます。個々のパケットには送信元や送信先、通し番号などがヘッダとして付加されていますので、さまざまな経路を通過してパケットが届いても、受信側では受け取ったパケットを再構築して、元のデータを読み取ることができます。これをパケット通信方式(packet communication)といいます（図2.2）。

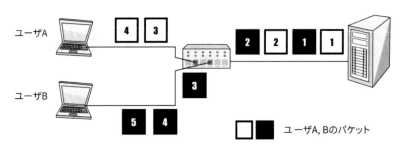

図2.2　パケット通信方式

パケット通信はインターネットの開発当初から取り入れられていました。電子メールを送信する場合やWebページからデータをダウンロードする場合、まず多数のパケットに分割してから通信を行います。通信中にパケットの1つが破損した場合、破損した分だけを再送すればよいので送受信の効率が良くなります。また、不正アクセスや不正な情報の持ち出しなどの怪しい動き

は、ファイアウォールがパケットを監視し、遮断することでセキュリティを維持します。パケットフィルタリングについては第6章でも解説します。

アクティブラーニング

次の課題について、調べて発表してみよう。

課題2.1.1　ISPとはどのような組織のことか、具体例を示して説明しなさい。

課題2.1.2　FTPサーバの役割や機能について調べなさい。また、FTPの機能を提供するアプリやサービスについて具体例を挙げなさい。

課題2.1.3　DNSサーバの役割や機能について調べなさい。

課題2.1.4　パケット通信方式と回線交換方式について長所・短所を比較しなさい。

2.2　インターネットのアドレス

この節では、インターネット上での住所にあたる「アドレス」について説明します。

2.2.1　IPアドレスとドメインネーム

通信を行う場合、相手の場所がわからなければメッセージを正しく届けることはできません。そこで、インターネットに接続された個々のコンピュータやネットワークの接続機器に「IPアドレス」(IP address)という番号を割り振ります。

IPアドレスで最も広く使われているのは「IPv4」(Internet Protocol version 4)です。全部で32ビットの数値を

202.236.110.76

のように8ビットずつ4つに区切って1つのアドレスを表します。この番号は、ユーザが勝手に付けてしまうと同じものが存在してアドレスを一意に定義できなくなります。そこで、各国のNIC(Network Information Center)という機関が管理します。

IPアドレスは32ビットの数値ですので、利用する人間から見るとわかりにくいものです。そこで、IPアドレスに対応した「ドメインネーム」(domain name)を割り付けています。ドメインネームは

kindaikagaku.co.jp　（例：近代科学社のWebページ）

のように記述されます。ドメインネームとIPアドレスは「DNS」(Domain Name System)サーバにより変換されます。

　IPv4は32ビットの数値ですので2^{32}（約42億）通りのアドレスが上限で、世界中のインターネット人口が増すにつれIPアドレスが枯渇するようになりました。そこで、128ビットでアドレスを表記するIPv6(Internet Protocol version 6)という新しいバージョンが考案され実用化されました。2^{128}通りのアドレスを割り付けることができます。

　IPv6のアドレスは、次のように128ビットを16ビットずつ8つにコロンで区切り、16進数で表します。現在、一般のプロバイダでもIPv6への移行が進み、主流となってきました。

　ACBE:CFDA:EBF2:AD4D:3F01:FE45:E789:22A1

2.2.2　ドメインネームの仕組み

　Webやメールアドレスではさまざまなドメインネームが使われています。以下はWebページとメールで使われるドメインの例で、いずれも太字部分がドメインネームです。特にWebページのアドレスをURL(Uniform Resource Locator)といいます。

Webのアドレス　www.**kindaikagaku.co.jp**
メールアドレス　tomlin@**nagoya-bunri.ac.jp**

　ドメインネームは図2.3のように、「ラベル」（63文字以下）をピリオドで区切って表記されます。右のラベルから「トップレベルドメイン」、「第2ドメイン」……と呼びます。

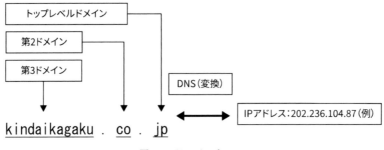

図2.3　ドメインネーム

　トップレベルドメイン (TLD: Top Level Domain)には分野別 (gTLD: generic TLD)と国コード (ccTLD: country code TLD)があります。

　分野別トップレベルドメインには“com”（commercial：商業組織用）、“net”（network：ネットワーク用）、“org”（organization：非営利組織用）などがあります。用途によっては登録の際に認可が必要なものがあります。

　国コードは2文字のアルファベットで表されます（表2.4）。2008年の時点で252の国・地域が登録されています。

表2.4　国コードトップレベルドメイン（抜粋）

ccTLD	国名・地域名	ccTLD	国名・地域名
au	オーストラリア	fr	フランス
br	ブラジル	it	イタリア
ca	カナダ	ru	ロシア
cn	中国	jp	日本
de	ドイツ	uk	イギリス
eg	エジプト	us	アメリカ合衆国

　日本を表すトップレベルドメインは"jp"です。"jp"の付くドメインには、属性型、地域型などがあり、第2レベルドメインで区別されます。表2.5は属性型の分類です。属性型は組織種別型ともいわれます。

表2.5　属性型ドメインネーム（日本）

ドメイン	属性（組織）
ac	学校教育法および他の法律の規定による学校（"ed"ドメインに該当するものを除く）
co	株式会社、有限会社、合名会社、合資会社、相互会社等
go	日本国の政府機関、各省庁所轄研究所、独立行政法人等
or	財団法人、社団法人、医療法人、監査法人、宗教法人、独立行政法人等（他のドメインに属さない政府組織や団体）
ad	JPNICの正会員が運用するネットワーク
ne	日本国内の営利または非営利で提供されるネットワーク運用団体
gr	複数の日本に在住する個人または日本国法に基づいて設立された法人で構成される任意団体
ed	保育所、幼稚園、小中高等学校などの各種学校のうち主に18歳未満を対象とする教育機関等
lg	地方公共団体のうち、普通地方公共団体、特別区、一部事務組合および広域連合等

2.2.3　グローバルとプライベート

　NICから割り振られた世界に1つだけのIPアドレスを「グローバルアドレス」(global address)といいます。それに対して、大学や企業など組織内のネットワークで割り当てられたIPアドレスを「プライベートアドレス」(private address)といいます。グローバルアドレスを割り付けた機器（ルータ：router）に、複数のコンピュータを接続して、グローバルアドレスを共有する方法です（図2.4）。

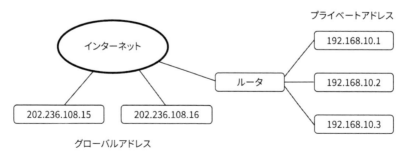

図2.4　グローバルアドレスとプライベートアドレス

　プライベートアドレスを割り付けたコンピュータから直接インターネットで通信することはできないので、インターネットとの境界にルータ等の接続機器を設置して中継します。プライベートアドレスはそのままではインターネットに接続できませんので、「IPマスカレード」(IP masquerade)という技術でグローバルアドレスに変換します。プライベートアドレスを使うと、外部からの侵入に対して比較的安全になるという利点があります。また、IPv4のままでアドレスの数を充足できるので、IPアドレスの枯渇問題対策としても有効です。

2.2.4　MACアドレス

　コンピュータのネットワークカード（Ethernetカード）に割り付けられた固有のID番号を「MACアドレス」(Media Access Control address)といいます。

　MACアドレスの例：00-19-D1-3B-08-B2

　MACアドレスは「物理アドレス」ともいわれます。製造された段階で個々の番号がネットワークカードに割り当てられ、ユーザが変更することはできません。無線LANや特定のネットワークにおいては、接続を許可するコンピュータを識別するためにMACアドレスを登録するシステムが利用されています。

　コンピュータのIPアドレスや、ネットワークカードのMACを確認してみましょう。例えば、OSがWindows 10の場合は［設定］アプリー［ネットワークとインターネット］－［詳細オプション］とクリックすると、図2.5のウィンドウが表示されます。ここでは、「IPv4アドレス」がコンピュータのIPアドレス、「物理アドレス」がMACアドレスです。

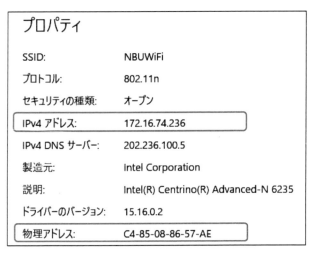

図2.5　MACアドレスとIPアドレス（［ネットワーク接続の詳細］画面）

アクティブラーニング

　次の課題について、調べて発表してみよう。

課題 2.2.1　現在使用しているコンピュータやタブレット端末に割り付けられているIPアドレス、およびMACアドレスを調べなさい。

課題 2.2.2　IPアドレスの方式であるIPv4とIPv6について比較しなさい。

課題 2.2.3　トップレベルドメインで、分野別 (gTLD: generic TLD) にはどのようなものがあるか。また、国コード (ccTLD: country code TLD) にはどのようなものがあるか。できるだけ具体的に調べなさい。

課題 2.2.4　グローバルアドレスとプライベートアドレスの違いを説明しなさい。また、MACアドレス (Media Access Control address) の役割について説明しなさい。

2.3　電子メールの送受信

　電子メールは宛先のアドレスに届けられるまでに、郵便物と同じような手順で送信されます。
　まず、ユーザはメールソフトを使って、メールの内容と宛先を入力し、［送信］ボタンをクリックします。すると、メールソフトで設定されたプロバイダのSMTPサーバにメールが送られます。SMTPサーバは郵便ポストの役割を持ち、そこへ投函したと考えてください。
　次に、SMTPサーバはメールのアドレスに書かれたドメインネームから送信すべき相手の国や組織を判別します。そして、いくつもの中継器を経て、宛先となるドメインネームのPOP3サーバへ届けられます。ここでの中継の繰り返しを「ルーティング」(routing) といいます。インターネットはプロバイダ同士を接続してできているネットワークですので、世界規模での中継が可能となり、国を越えて通信ができるわけです。受信者側ではPOP3サーバへ接続し、メールをダウンロードして読みます。POP3サーバは私書箱の役割をしていると言えます（図2.6）。

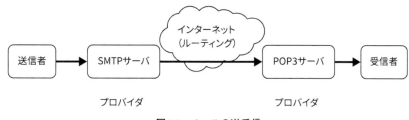

図2.6　メールの送受信

アクティブラーニング
　次の課題について、調べて発表してみよう。

課題 2.3.1　SMTPやPOP3以外に、電子メールの送受信に使われるサーバについて調べなさい。

課題 2.3.2　ルーティングに用いられるルータの種類や機能について調べなさい。

2.4　WWW

　WWW(World Wide Web)は、インターネットに接続したコンピュータでOSやマシンの機種によらず情報閲覧できるように考案されたシステムです。"Web"（ウェブ）とはクモの巣のことですので、直訳すると「世界規模で広がっているクモの巣」ということになります。このシステムはもともと論文閲覧用にCERN（欧州合同素粒子原子核研究機構）で構築されたものでしたが、1990年代前半に一般公開され、その後すぐに世界中に普及しました。

　WWWで公開される情報はHTML(Hyper Text Markup Language)という言語で記述されます。HTMLはカギ括弧（<、>）で囲まれるタグ（Tag：しるし）を使って文書構造や表示スタイルを表します。さらに、文書中に画像、音声、動画などのデータを埋め込むことができます。

　HTMLの大きな特徴は、他のページへジャンプ（ハイパーリンク：hyperlink）するような仕掛けが可能なことです。WWWのページは通常ブラウザで表示されますが、クリックするだけで他のページへ移ることができます。このジャンプを繰り返して、次々と関連するページを閲覧することをネットサーフィンと呼んでいます。

　最近では、HTML以外にもJavaScriptやPHPといったスクリプト言語がWWWで利用されています。これらの言語を用いると、ユーザインターフェース（入力画面）からのデータ送信や数値処理も可能になります。

　WWWで情報を公開するには、WWWサーバに公開するファイルをアップロードします。一般にはプロバイダが管理するWWWサーバにFTPソフトを使って転送します。ユーザ側ではブラウザでURLを指定すると、公開されたファイルがコンピュータにダウンロードされ、表示されます。

　WWWにおける通信プロトコルはHTTP(Hyper Text Transfer Protocol)です。ブラウザでURLを入力するとき、先頭に"http://"を付けます。現在では暗号化通信を行うプロトコルであるHTTPSを利用するため、先頭に"https://"を付けます。次の例は、近代科学社のWebサイトです。

https://www.kindaikagaku.co.jp/　（近代科学社）

アクティブラーニング

　次の課題について、調べて発表してみよう。

課題2.4.1　WWWサーバはどのようなサービスを提供するサーバか。また、もともとどのような「目的」で構築されたシステムか。WWWの歴史を調べなさい。

2.5　インターネット活用の変化

　近年、インターネットの高速化に伴い新しい形態で情報が利活用されるようになっています。

2.5.1　クラウドコンピューティング

　インターネットを介して、インターネット上のどこかにあるソフト、ハード、データや各種サー

ビスを利用する情報活用の形態をクラウドコンピューティング(cloud computing)といいます。インターネットを雲（クラウド）としてとらえ、ユーザはインターネット上のハードウェアや、その中にあるデータの位置、内部構造などを意識することなく利用するという考え方です。

2.5.2 モバイルコンピューティング

モバイル環境（移動通信可能な環境下）において、情報端末（コンピュータ、タブレット端末、スマートフォン）をインターネットに接続し、コミュニケーションを行うことを、モバイルコンピューティング(mobile computing)といいます。

現在、携帯電話会社による無線LANの通信速度が増速され、AP（アクセスポイント）に接続すれば、文字データ以外に画像ファイルを送受信したり、動画のストリーミング再生をしたりすることも可能になっています。モバイル機器に関する移動体通信規格には、4G（第4世代移動通信システム）、LTE（Long Term Evolution）規格、5G（第5世代移動通信システム）などがあります。

アクティブラーニング

次の課題について、調べて発表してみよう。

課題2.5.1　クラウドコンピューティングを用いたサービスにはどのようなものがあるか調べなさい（SaaS、PaaS、IaaS等）。

課題2.5.2　モバイルコンピューティングの通信速度は第1世代から第5世代までどのように高速化されてきたか、具体的に調べなさい。

課題2.5.3　モバイル通信技術のうち、テザリング、LPWA(Low Power Wide Area)について調べなさい。

第2部

ネット犯罪と法律

インターネットでは、これまで経験のないような新しいタイプの犯罪が起こっており、そのため法律の整備がなかなか追いついていません。よって、ユーザに求められるのは常に自己防衛するという心構えです。

第2部では、ネット犯罪の手口とその防止策について学習します。また、ネット犯罪に関わりの深い法律についても解説します。

第3章　インターネット上でのトラブル

　ネットワーク社会には多くの利便性がある反面、従来とは手口の異なる犯罪が起こっています。相手の顔が見えないことに加え、ハンドルネーム（handle name：インターネット上で利用されるニックネーム）で行われるコミュニケーションには、犯罪者に仕組まれた落とし穴もあります。

　スマートフォンも通話以外に電子メールやブラウジングなど、パソコンと同じようにインターネットのサービスが利用できます。手軽に持ち運びができるため普及が進み、子供から高齢者にいたるまで利用者は増え続けています。このため、スマートフォンをきっかけとして、これまでにないタイプの犯罪に中高生や高齢者が巻き込まれるケースが多発しています。また、被害者であるはずの人が加害者となってしまうケースも存在します。

　この章では、ネットワークにおける犯罪の事例を見ながら、その対策や心構えを学びましょう。

3.1　SNS上で起こる犯罪

　SNSでは第1章で触れたデマやフェイク、リベンジポルノの他に、誹謗中傷や不適切投稿、ストーカーなどが問題となっています。

3.1.1　誹謗中傷とは

　誹謗中傷にあたる書き込みが、掲示板やチャットで大きな問題となっています。「誹謗」と「中傷」は、辞書で調べると次のような意味をもちます。

　誹謗：他人の悪口をいうこと。そしること。
　中傷：ありもしないことを言って他人の名誉を傷つけること。

　つまり、無根拠の悪口を書き込み、他人の名誉を損ねることです。ここで注意したいのは、たとえ書き込みの内容が事実でも、他人の名誉を損ねれば名誉毀損にあたるということです（詳細は後述します）。

　ネットワークの利用者同士は顔が見えないだけに、平気で相手を傷つけたり、名誉を損ねたりするような表現が見られます。人と人とのコミュニケーションでなく、コンピュータゲームのような感覚に陥るケースもあるようです。ネットワークは多くの人が見ていますので、その書き込みを見た人がさらに別の場所へ書き込む可能性があります。つまり2次的、3次的被害が生じて、誹謗中傷に限らず、本人の知らないところで情報だけが暴走していきます。

　人は誰でも傷つき悲しい思いをするという感情があります。マシンを前にしていてもその向こう側には自分と同じ人間がいます。書き込みをする前に、まず相手の立場に立って考えましょう。

3.1.2　ネットいじめ

　中高生が携帯端末をもつことが増えてくるにつれ、メールやSNSを使った「いじめ」が起きています。クラスメートの悪口や中傷を書いたメールが本人や、他のクラスメートに送信されるといったものです。

　スマートフォンや携帯電話にはカメラが付いていますので、女子生徒の写真を撮影して「交際相手募集」のような内容の文章とともにメールで送信されたケースや、裸の写真をブログに掲載されるという事件もあります。メールやブログはすぐに情報が広がり、いじめを受けている生徒は精神的に大きなダメージを受けることになります。最近では、LINEのグループから突然削除し仲間はずれにする「LINEはずし」といういじめもあります。

　自分が被害にあった場合は、証拠となる画面（スクリーンショット）やメールを保存するとともに、早急に学校や警察に相談しましょう。

3.1.3　誹謗中傷に発展するケース

　ここでは、どのような場合に誹謗中傷へ発展するのか、具体例を挙げます。

■掲示板で互いの意見が衝突した

　チャットや掲示板はインターネット上で情報を提供しあったり、意見を交換したりする場所です。しかし、お互いに意見が異なり、それが火種となって口論に発展することもあります。相手の意見に対する反論でなく、中傷する書き込みをしたり、アドレスがわかっている場合には嫌がらせのメールまで送られてきたりしたというケースもあります。

　意見の衝突は、その場で一時的に興奮しても、時間をおくことで冷静に判断できることもあります。熱くなったり焦ったりせず、しばらく様子を見ましょう。

■個人情報を書き込まれた

　出会い系サイトに実名や携帯電話の番号、メールアドレス等を書き込まれ、知らない相手からの電話やメールが大量に送信されてくるケースがあります。書き込みには個人情報の他に、交際（買春）を求めるような文面や写真が付けられていることもあります。逆恨みからの嫌がらせやいたずら目的でこのような書き込みをされた実例は非常に多くあります。

　メールアドレスや電話番号などの個人情報を勝手に書き込まれた場合は、まず、自分で掲載内容やいやがらせのメール等を証拠として保存し、そのサイトの管理者に削除を依頼しましょう。平成14年5月から、「プロバイダ責任制限法」（3.1.7項参照）が施行されていますので、管理者に対して個人情報の書き込み防止を要請したり、書き込みをした人を特定する情報の開示を求めたりすることもできます。同時に、悪質な場合は警察にも被害を届け出ましょう。

■企業や団体に対する中傷・脅迫

　会社名や学校名など団体を明示して、侮辱するような発言を繰り返したり、根拠のないことを書き込んだりして業務を妨害する事例があります。

　団体や個人に対する名誉毀損、もしくは業務妨害等の犯罪に発展する恐れがある場合は、警察署など公共機関の窓口に直接相談しましょう。

3.1.4　不適切投稿

　SNSには簡単に書き込みができますが、安易に配慮に欠けた投稿を行うと犯罪となる場合があ

ります。

■脅迫・犯行予告
　2008年に秋葉原で通り魔事件（無差別殺傷事件）が起こってから、「小学校で児童を殺す！」、「○○駅に爆弾を仕掛ける。」といった脅迫や無差別殺人の予告などを掲示板に書き込む事例が多発しました。実際にそのような犯行が行われなくても、これらは「威力業務妨害」という犯罪です。犯人の動機は「腹が立った」、「自分が目立ちたかった」、「どんな騒ぎになるか見てみたかった」など、どれも書き込みによる多大な損害や他人への迷惑を考えない身勝手なものばかりです。顔が見えないからといって無責任なことを書き込んではいけません。
　掲示板の書き込みについては、トレース（追跡）によって本人の特定ができるようなシステムが多くなっています。実際、2008年以降は「威力業務妨害」（3.1.8項参照）による検挙が増加しています。掲示板はハンドルネームでも本人特定ができると考えてください。また、このような書き込みを見たら、サイト管理者やプロバイダに届け出てください。

■悪ふざけ投稿
　スマートフォンには撮影機能があります。度の過ぎた悪ふざけを撮影した写真を投稿し、大変な迷惑を生じさせたり、法律に触れたりするような問題行為が頻発しました。具体的には以下のような例が挙げられます。

・テーマパークの乗り物で中指を立てている写真
・線路上を歩いている写真
・アルバイト先のコンビニで冷凍庫に入っている写真
・中華料理店で裸になっている写真
・ハンバーガーショップのパンの上に寝そべっている写真

　その他、「今、飲酒運転してます」、「さっきのテストでカンニングしちゃいました」というようなつぶやきも不適切です。いたずらや違法行為を自慢するような投稿をすると、関係者に大変な迷惑がかかります。また、自分自身に退学のような重い処分を科せられたり、大きな負債を抱えたりする可能性もあります。軽率な行為で自分の人生や他人の生活を台無しにしないように、投稿する前によく考えてください。

3.1.5　ストーカー行為
　特定の相手の身辺につきまとうストーカー行為は「ストーカー行為等の規制等に関する法律」（ストーカー規制法）で禁じられています。2000年に成立し、同年11月から施行されています。
　この法律はストーカー行為に対する規制と罰則などを定めています。被害届があると、犯人に対して警察署長等から、ストーカー行為をやめるよう警告や禁止命令を発することができます。それでもストーカー行為をやめない場合、1年以下の懲役または100万円以下の罰金が科されます。
　いやがる相手に対してしつこくメールを送り続けるのもストーカー行為です。2013年には法律

が改正され、メールやSNSを使ったつきまといもストーカー行為として規制対象となり、懲役刑が科せられるようになりました。

いじめと同じくストーカーに関しても、被害が深刻なものになる前に警察等に相談しましょう。

3.1.6　名誉毀損罪と侮辱罪

掲示板やSNSは、同じ趣味や話題に興味を持つ人同士が意見交換できる場所です。しかし、感情的になって相手を罵倒したり、故意・過失を問わず個人情報を書き込んだりしてしまうようなケースもあります（3.1.1、3.1.3、3.1.4項参照）。

気に入らない相手のことについて実名を挙げて、ツイッターで「＊＊は人間のくずだ！」と書き込むような行為は、絶対にしてはいけません。公の場における誹謗中傷により、被害者は大きな精神的ダメージを受けることになります。

このような場合、書き込みの内容次第で名誉毀損罪や侮辱罪にあたる場合があります。「名誉毀損」は公然と、つまりネット掲示板等で他人の事実を摘示し、その人の名誉を毀損した場合に適用されます。摘示とは「あばき示すこと」をいいます。摘示した事実が実際のものかどうかにかかわらず名誉毀損となります（刑法第230条）。「侮辱」とは名誉毀損と似ていますが、事実の摘示はなく他人を公然と侮辱した場合に適用されます（刑法第231条）。

●刑法（抜粋：名誉毀損、侮辱）
（名誉毀損）
第230条　公然と事実を摘示し、人の名誉を毀損した者は、その事実の有無にかかわらず、3年以下の懲役若しくは禁錮又は50万円以下の罰金に処する。
（侮辱）
第231条　事実を摘示しなくても、公然と人を侮辱した者は、拘留又は科料に処する。

3.1.7　掲示板の管理責任

掲示板等、インタラクティブ（interactive：双方向のコミュニケーション可能）なWebサイトを開設して運営する場合、管理者は悪質な書き込みを見過ごしてはいけません。監視体制を確立し、不適切な書き込みはできるだけ早く削除するとともに、被害者の削除依頼にも対応する必要があります。不適切な書き込みとは前述の名誉毀損や侮辱だけでなく、プライバシーの侵害に当たるような情報も含まれます。

2002年にプロバイダやサーバの管理・運営者等を対象として、「特定電気通信役務提供者の損害賠償責任の制限及び発信者情報の開示に関する法律」が施行されました。通称、「プロバイダ責任制限法」です。インターネットや携帯電話の掲示板等における不適切な書き込みをプロバイダやWebサイトの管理者が削除した場合、賠償責任を免れるようにすることを目的としています。つまり、不適切な書き込みをした者が「勝手に削除された」と訴え出ても、管理者に賠償責任はありません。

またこの法律では、管理者に対して、誹謗中傷に当たる悪質な情報を発信した者に関する情報の開示請求についても規定しています。開示請求できる発信者の情報は、発信者や情報の送信に

かかわる者の氏名または名称、住所、電子メールアドレス、IPアドレス、送信年月日および時刻等です。

●特定電気通信役務提供者の損害賠償責任の制限及び発信者情報の開示に関する法律（抜粋：損害賠償責任の制限、発信者情報の開示請求）

（損害賠償責任の制限）

第3条　特定電気通信による情報の流通により他人の権利が侵害されたときは、当該特定電気通信の用に供される特定電気通信設備を用いる特定電気通信役務提供者（以下この項において「関係役務提供者」という。）は、これによって生じた損害については、権利を侵害した情報の不特定の者に対する送信を防止する措置を講ずることが技術的に可能な場合であって、次の各号のいずれかに該当するときでなければ、賠償の責めに任じない。ただし、当該関係役務提供者が当該権利を侵害した情報の発信者である場合は、この限りでない。

一　当該関係役務提供者が当該特定電気通信による情報の流通によって他人の権利が侵害されていることを知っていたとき。

二　当該関係役務提供者が、当該特定電気通信による情報の流通を知っていた場合であって、当該特定電気通信による情報の流通によって他人の権利が侵害されていることを知ることができたと認めるに足りる相当の理由があるとき。

　－以下略－

（発信者情報の開示請求等）

第4条　特定電気通信による情報の流通によって自己の権利を侵害されたとする者は、次の各号のいずれにも該当するときに限り、当該特定電気通信の用に供される特定電気通信設備を用いる特定電気通信役務提供者（以下「開示関係役務提供者」という。）に対し、当該開示関係役務提供者が保有する当該権利の侵害に係る発信者情報（氏名、住所その他の侵害情報の発信者の特定に資する情報であって総務省令で定めるものをいう。以下同じ。）の開示を請求することができる。

一　侵害情報の流通によって当該開示の請求をする者の権利が侵害されたことが明らかであるとき。

二　当該発信者情報が当該開示の請求をする者の損害賠償請求権の行使のために必要である場合その他発信者情報の開示を受けるべき正当な理由があるとき。

　－以下略－

3.1.8　犯行予告に関する規制

　2008年に東京の秋葉原で無差別殺傷事件が発生しました。犯人は直前までインターネットの掲示板に事件を予告する書き込みをしていました。それ以後、「＊＊のコンサート会場を爆破します。」、「○○市の＊＊小学校で生徒を無差別に殺す」というような犯罪予告の書き込みが連鎖し、急増しています。犯罪予告により、会社の業務が停止したり、学校では授業を中止したりするといった被害が出ています（3.1.4項参照）。

　このような書き込みは「威力業務妨害」（刑法234条）として処罰されます。また、犯罪予告以外でも「虚偽の風説」などを書き込むことも「信用毀損及び業務妨害」（刑法233条）となる可能

性があります。

●刑法（抜粋：信用毀損、威力業務妨害）

（信用毀損及び業務妨害）

第233条　虚偽の風説を流布し、又は偽計を用いて、人の信用を毀損し、又はその業務を妨害した者は、3年以下の懲役又は50万円以下の罰金に処する。

（威力業務妨害）

第234条　威力を用いて人の業務を妨害した者も、前条の例による。

　殺人予告をして逮捕された人の目的は、「学校でおもしろくないことがあった」、「むしゃくしゃしていた」というような不満をぶつけることであったケースがありました。また、「警察官が集まるのを確認したかった」、「どのような騒ぎになるか見たかった」という興味本位のいたずらや、「掲示板で目立ちたかった」というものもあります。いずれも実際に人を殺すつもりはなかったということですが、軽率な書き込みで多くの人や業務に影響が出ています。

　逮捕された人の中からは「殺人予告をしても自分を特定できないと思っていたので驚いた」という供述もあったようです。しかし、掲示板は匿名性がほとんどなくなり、詳しくアクセス記録を追跡調査することにより書き込んだ本人が特定できるようになってきました。今後、犯罪予告の対策として、インターネットカフェなどの共用パソコンから掲示板を利用する場合、本人を確認するような制度が確立されていくかもしれません。

　さらに総務省では、犯行予告以外にも犯罪に関する隠語も検知するソフトウェアの開発を行っています。書き込んだ本人が否定しても、犯罪予告や不適切な内容を意図した隠語と判断されれば同罪となります。

○SNS利用の心構えと対策

・SNSに投稿するときは、相手の立場になって考える。

・いじめや誹謗中傷の被害を受けた場合は、一人で悩まず相談する。また、証拠となる画面やメールなどを保存しておく。

・悪ふざけでSNSに投稿しない。不適切な投稿を見たらプロバイダなどに届け出る。

・犯行予告はいたずらでも処罰対象となる。書き込みを追跡され、犯人を特定される。もし、犯行予告を見つけたら通報窓口に届け出る。

アクティブラーニング

　次の課題について、調べて発表してみよう。

課題3.1.1　SNSによる犯罪の具体的事例を示し、被害防止のための対策や心構えを示しなさい。また、誹謗中傷や人権侵害を受けた時の相談窓口を調べなさい。

課題3.1.2　セクストーションとはどのような問題か調べなさい。

課題3.1.3　ストーカー規制法はインターネット犯罪によって何度か改正されています。ストーカー行為に関する法律について、改正点を説明しなさい。

課題3.1.4　Twitterや掲示板などに見られる悪ふざけ投稿について具体的事例を調べなさい。また、投稿する際に注意すべき点を述べなさい。

課題3.1.5　ネットいじめや炎上で攻撃する人（加害者）はどのような心理状態なのか、具体的に調べなさい。また、非難することと誹謗中傷とは何が違うのか説明しなさい。

課題3.1.6　SNSにおける「表現の自由」や「言論の自由」とヘイトスピーチなどに見られる「人権侵害」とのバランスをどのようにとっていくべきか、具体例を挙げて説明しなさい。

課題3.1.7　SNSでの誹謗中傷、人権侵害の問題を防止または解決するため、プロバイダはどのような措置を執るべきか。また、どのような法律（ルール）を整備するべきか、できるだけ具体的に述べなさい。

課題3.1.8　SNSで「〇〇小学校を襲撃して子供を襲います。」と書き込んだ場合、どのような法律が適用されるか調べなさい。

課題3.1.9　「今日は期末試験。カンニングしてやりました。」、「今、車で反対車線を爆走中」などと書き込んだ場合、どのような問題が発生し、処罰されるか具体的に述べなさい。

3.2　電子メールを利用した犯罪

　コンピュータや携帯端末で利用される機能で、電子メールは最も利用率の高いものの一つです。利用者の増加に伴い、悪意のあるメールやいたずら目的のメールも増えています。これらは迷惑メールと呼ばれ、スパムメールやデマメールなどがあります。

3.2.1　スパムメール

　スパムメール (spam mail) は、ユーザに対して勝手に送りつける広告メールのことで、目的は、出会い系サイト・アダルトサイトなどへの勧誘、商品の宣伝・販売などさまざまです。送信者は受信者の承諾を得ず無差別にメールを配信します。サーバに負担を掛けるばかりか、自動的にメールアドレスを生成し送信するツールを使って無差別に送るため、宛先が不明のメールも増発します。

　2002年7月に「特定電子メール法」（「特定電子メールの送信の適正化等に関する法律」、俗称：迷惑メール防止法）と「改正特定商取引法」が施行され、それ以後、このようなスパムメールの配信は禁止されています。2008年には、さらに法律の改正が進められ、受信者の承諾なく宣伝メールを配信することはすべて違法行為となりました（3.2.2項参照）。

　個人でできるスパムメール対策としては、まずスパムメールを受信しても開かずに削除することです。また、覚えのないアドレスからのメールは受信を拒否しましょう。携帯端末には特定の

アドレス（ドメイン）からのメールを受信拒否する設定もありますので、各電話会社で行われているサービスを活用しましょう。パソコンの場合はフィルタリング機能でメールを受け付けないようにしましょう。また、単純で短いメールアドレスの使用は避けてください。できるだけ長く、“-”や“_”（アンダーバー）などの記号も混ぜるとよいでしょう。

3.2.2　特定電子メールの送信に関する法律

ユーザ登録をしていない見たこともないサイトや会社から、広告メールが届いたことはありませんか。「特定電子メール」は、営利目的で広告・宣伝を行うために送信されるメールのことです。メールの内容が商品やサービスの広告・宣伝を目的とする場合には、特定電子メールに該当します。3.2.1項で説明したスパムメールもこれに含まれます。また、営業上の広告・宣伝を目的とするWebサイトへ誘導するもの含まれます（単なる事務連絡や料金請求はこれに該当しません）。

このような広告・宣伝を目的としたメール送信については、特定電子メール法が2002年より施行され規制されています。これまでも実際の状況に対応するための見直しと改正を何度か繰り返しています。

3.2.3　オプトイン方式

特定電子メールは、原則として同意した者に対してのみ送信が認められます。反対に、同意を得ていない者、もしくは受信を拒否した者に対して送信することは禁じられています。2008年の法改正により導入された「オプトイン方式」(opt-in)といわれるルールです。改正前は「オプトアウト方式」(opt-out)で、「受信拒否した相手に対しては送信できない」となっていましたが、改正により条件が見直されました。

このオプトイン方式により、広告・宣伝メールの送信者に対して以下の義務が課せられます（特定電子メールの送信の適正化等に関する法律 第3条）。

1. 広告・宣伝メールの送信に関して、同意を得たものにのみ送信する。
2. 受信を拒否する通知を受けた場合、以後の送信を禁ずる。
3. 送信者の氏名・名称、受信を拒否する場合の通知先等を表示する。
4. 広告・宣伝メールの送信に関する同意を証明する記録を保存する。

上記の原則のうち3は、送信者が広告・宣伝メールに必ず表示しなければならない項目です。詳細は第4条で定められ、以下の内容を含める必要があります。ここで送信者とは送信を業者に委託するものと、実際にメールを送信する者をいいます。

・送信者の氏名または名称（送信を委託している場合は、送信に関する責任を持つ者）
・送信者の住所
・苦情・問い合わせ等の窓口となる電話番号、電子メールアドレス、URL等
・受信拒否の通知を受けるための電子メールアドレスまたはURL
・受信拒否の通知ができるという趣旨の説明（受信拒否の通知先の直前か直後に表示）

　受信拒否者へ送信した場合は、総務大臣によりメール送信の禁止が命ぜられ、命令に従わない場合は1年以下の懲役または100万円以下の罰金となります。以下に、特定電子メールの送信の適正化に関する法律の、オプトイン方式と表示義務等に関連する部分を抜粋します。

●特定電子メールの送信の適正化等に関する法律（抜粋：送信の制限）
（特定電子メールの送信の制限）
第3条　送信者は、次に掲げる者以外の者に対し、特定電子メールの送信をしてはならない。
一　あらかじめ、特定電子メールの送信をするように求める旨又は送信をすることに同意する旨を送信者又は送信委託者（電子メールの送信を委託した者（営利を目的とする団体及び営業を営む場合における個人に限る。）をいう。以下同じ。）に対し通知した者
　　－以下略－
2　前項第一号の通知を受けた者は、総務省令で定めるところにより特定電子メールの送信をするように求めがあったこと又は送信をすることに同意があったことを証する記録を保存しなければならない。
3　送信者は、第一項各号に掲げる者から総務省令で定めるところにより特定電子メールの送信をしないように求める旨（一定の事項に係る特定電子メールの送信をしないように求める場合にあっては、その旨）の通知を受けたとき（送信委託者がその通知を受けたときを含む。）は、その通知に示された意思に反して、特定電子メールの送信をしてはならない。ただし、電子メールの受信をする者の意思に基づき広告又は宣伝以外の行為を主たる目的として送信される電子メールにおいて広告又は宣伝が付随的に行われる場合その他のこれに類する場合として総務省令で定める場合は、この限りでない。
　　－以下略－
（表示義務）
第4条　送信者は、特定電子メールの送信に当たっては、総務省令で定めるところにより、その受信をする者が使用する通信端末機器の映像面に次に掲げる事項（前条第三項ただし書の総務省令で定める場合においては、第二号に掲げる事項を除く。）が正しく表示されるようにしなければならない。
一　当該送信者（当該電子メールの送信につき送信委託者がいる場合は、当該送信者又は当該送信委託者のうち当該送信に責任を有する者）の氏名又は名称
二　前条第三項本文の通知を受けるための電子メールアドレス又は電気通信設備を識別するための文字、番号、記号その他の符号であって総務省令で定めるもの
　　－以下略－

3.2.4　送信方法に関する規定
　広告・宣伝メールを送信する場合、以下の方法は禁止されています。

・送信者情報を偽った送信の禁止
　送信元を偽装（詐称）してメールを送信した場合、1年以下の懲役または100万円以下の罰金

が科せられます（送信者が法人の場合、法人に対して3,000万円以下の罰金）。

・架空電子メールアドレスによる送信の禁止

　メールアドレスを生成するツール等を用いて、架空のメールアドレスに送信した場合は、受信拒否者への送信と同様に、総務大臣によりメール送信の禁止が命ぜられます。命令に従わない場合は1年以下の懲役または100万円以下の罰金となります。

●特定電子メールの送信の適正化等に関する法律（抜粋：送信方法）

（送信者情報を偽った送信の禁止）

第5条　送信者は、電子メールの送受信のために用いられる情報のうち送信者に関するものであって次に掲げるもの（以下「送信者情報」という。）を偽って特定電子メールの送信をしてはならない。

一　当該電子メールの送信に用いた電子メールアドレス

二　当該電子メールの送信に用いた電気通信設備を識別するための文字、番号、記号その他の符号

（架空電子メールアドレスによる送信の禁止）

第6条　送信者は、自己又は他人の営業のために多数の電子メールの送信をする目的で、架空電子メールアドレスをそのあて先とする電子メールの送信をしてはならない。

（措置命令）

第7条　総務大臣は、送信者が一時に多数の者に対してする特定電子メールの送信その他の電子メールの送信につき、第三条若しくは第4条の規定を遵守していないと認める場合又は送信者情報を偽った電子メール若しくは架空電子メールアドレスをそのあて先とする電子メールの送信をしたと認める場合において、電子メールの送受信上の支障を防止するため必要があると認めるときは、当該送信者（これらの電子メールに係る送信委託者が当該電子メールの送信に係る第3条第一項第一号又は第二号の通知の受領、同条第二項の記録の保存その他の当該電子メールの送信に係る業務の一部を行った場合であって、当該電子メールの送信につき、当該送信委託者の責めに帰すべき事由があると認められるときは、当該送信者及び当該送信委託者）に対し、電子メールの送信の方法の改善に関し必要な措置をとるべきことを命ずることができる。

3.2.5　受信者の対応

　広告・宣伝メールの受信を拒否するには、メール中に表示されているアドレスに、受信拒否の意思を伝えるメールを送信します。または、メール中に示されているURLのWebサイトで手続きをします。

　上記の方法で受信拒否の通知をする場合、以下の点に留意してください。広告・宣伝メールの発信者に悪意があると、個人情報を与えてしまう結果になります。

・受信を拒否する意思とメールアドレスのみ通知する。

・上記以外の情報は入力しない。

・該当する広告・宣伝メールを保存する。

・受信を拒否するために送信したメールを保存する。
・拒否したはずのメールがさらに送られ続ける場合は届け出る。

　財団法人日本データ通信協会は、総務省の委託で「迷惑メール相談センター」という相談窓口を設け、情報収集しています。拒否通知をしたにもかかわらず広告・宣伝メールが送られ続ける場合は連絡し、相談してください。オプトイン方式に違反するメールや、架空アドレスから送信されるメールを受信したら、情報提供し摘発に協力しましょう。Webサイトから送信者のアドレス、件名、メール内容等を通報できます。

○電子メール利用の心構えと対策
・スパムメールは開かず削除する。
・不要な広告・宣伝メールの受信は正しい手順で拒否通知を行う。
・違反している特定電子メールを受信した場合は、迷惑メール相談センターに届け出る。

アクティブラーニング
　次の課題について、調べて発表してみよう。

課題3.2.1　迷惑メールの防止対策について調べなさい。オプトイン方式、オプトアウト方式の違いについて説明しなさい。

課題3.2.2　送信者情報を偽って無差別にダイレクトメールを送信すると、どのような罰則が適用されるか。また、架空の電子メールアドレスを生成してダイレクトメールを送信した場合は、どのように法律が適用されるか調べなさい。

3.3　架空請求・不正請求

　単純な手口でありながらひっかかってしまい、被害が絶えないのが架空請求と不正請求です。

3.3.1　架空請求と不正請求の手口
　一度も利用したことのないサイトの利用料金を求めることを「架空請求」といいます。請求方法は葉書、電子メール、電話などさまざまです。利用した覚えのないサイトについて、利用料金を請求されても相手にしてはいけません。
　また、無料サイトの利用料金や、契約と異なる有料サイトの利用料金を求めることを「不正請求」といいます。Webサイトを閲覧していて、突然「会員登録されました。月額＊＊万円の料金を2週間以内に下記の口座にお振り込みください」というようなメッセージが表示されるという被害が出ています。他にも、「無料」と書かれたWebページを閲覧すると、「会員登録されました。＊＊までに登録料をお支払いください」というメッセージを表示するページがあります。これらは「ワンクリック詐欺」と呼ばれる典型的な不正請求の例です。
　また、迷惑メールの中に記載されたURLをクリックすると、突然有料サイトに接続（誘導）さ

れて会費を請求されることもあります。このように、利用契約する意志がないにもかかわらず契約や会員登録が完了したような表示をし、会費をだまし取ることは違法行為です（3.3.2項参照）。

　これらの犯罪手口に共通するのは、ユーザの確認なしに有料サイトに誘導したり、あたかも登録手続きが完了したようなメッセージを表示したりして、「会費を払わなければ訴えられます。」、「あなたの情報を読み取りました。」というような心理的な圧迫で料金をだまし取ろうとすることです。中には実在しない公的機関や裁判所などの名前を用いた請求もあります。

　架空請求の相談事例（国民生活センター）を以下に示します。

・「あなたが当選しました」というメールが届き、クリックすると出会い系サイトに登録されてしまい、利用料金を払った。
・会員登録していない出会い系サイトからメールが届き、クリックすると利用料金を請求された。
・迷惑メールを知人からのメールと勘違いして開けたらアダルトサイトにつながり、料金を請求された。
・アダルトサイトで画像をクリックしたら会員登録され、料金が発生した。

　このような事態にならないようにするには、まず怪しげなWebサイトを閲覧したり、不審なメールを開いたりしないことです。また、「今ならタダ！」や「無料サンプル」のような表示にうっかりだまされてはいけません。どこまでが無料で、どこから料金が発生するか見極める必要があります。また、有料サイトを利用するのであれば、サービスにかかる料金を確かめて、請求額が不当でないかを確認してください。

　消費者生活センターではこのようなトラブルについての相談窓口を設けています。おかしい、怪しいと思ったら、自分だけで判断せず、相談してみましょう。

3.3.2　電子消費者契約法

　ネットショッピング等、インターネット上の商取引を行う上で、誤操作によるトラブルが起こっています。画面に表示される細かい文字を読みながら手続きを進めるうちに、マウスで誤ってボタンをクリックしたり、注文個数をうっかり多く間違えたりした経験はありませんか。

　また、3.3.1項でも例示したとおり、アダルトサイトを閲覧していると突然会員登録画面が表示され、高額の会費を請求されるという事例が多発しています。他にも「無料」と書かれていながら代金を請求されるケースもあります。これらは「ワンクリック詐欺」、「不正請求」と呼ばれる犯罪の手口で、契約として成立しないにもかかわらず、画面上に表示される内容に応じてしまい、会費を指定された口座に振り込むという被害が発生しています。

　そこで、2001年に電子消費者契約法（電子消費者契約及び電子承諾通知に関する民法の特例に関する法律）が施行されました。この法律は、「電子商取引における操作ミスの救済」や「契約の成立時期の転換」などを定めたものです。

3.3.3　操作ミスの救済

　ネットショッピングに限りませんが、コンピュータの利用においては誤操作がどうしてもつき

まといます。Webサイトのデザインには、できるだけユーザが購入する品目や個数を間違わないような配慮が必要です。

　例えば、「申込み」や「送信」などのボタンをクリックしたら、すぐに内容が確認できるような画面などを表示し、再度本人の意思を確認して「決定」する必要があります。電子消費者契約法により、このような措置がなされていない場合、操作ミスによる申込みは無効になります（民法では、消費者に「重大な過失」がある場合には契約は有効であるとの主張ができることになっています）。

　ワンクリック詐欺では画面上に「あなたの情報を読み取りました」というようなメッセージを表示し、あたかも個人情報がすべて筒抜けになっているかのように見せ不安をあおります。しかし、IPアドレスやブラウザのバージョンなどから個人情報は何も伝わりません。落ち着いて、その画面を保存しておき、国民生活センターに相談あるいは通報してください。

3.3.4　電子商取引などにおける契約の成立時期の転換

　電子契約においては、Webサイトの管理者や事業者が申込みに対して申込み承諾の連絡をし、それが消費者本人に届いて初めて契約成立となります。したがって、クリックした途端突然「会員登録されました」と表示されても、承諾の連絡を受けていないので契約は成立しません。

　従来、民法上では申込みが事業者に届いた時点で契約が成立とされていましたが、電子商取引が普及したため契約成立時期が上記のように転換されました。また、覚えのない利用料金の請求、つまり架空請求についても応じる必要はありません。

　よって、ネット上での電子商取引では消費者側と事業者側で次の点に留意しましょう。

・消費者の操作ミスや錯誤による契約は無効となる。
・契約成立前に、消費者への告知と意思の確認が必要。
・事業者からの申込み承諾の通知が消費者に届いた時点で契約が成立する。

●電子消費者契約及び電子承諾通知に関する民法の特例に関する法律（抜粋）
（電子消費者契約に関する民法の特例）
第3条　民法第95条ただし書の規定は、消費者が行う電子消費者契約の申込み又はその承諾の意思表示について、その電子消費者契約の要素に錯誤があった場合であって、当該錯誤が次のいずれかに該当するときは、適用しない。ただし、当該電子消費者契約の相手方である事業者（その委託を受けた者を含む。以下同じ。）が、当該申込み又はその承諾の意思表示に際して、電磁的方法によりその映像面を介して、その消費者の申込み若しくはその承諾の意思表示を行う意思の有無について確認を求める措置を講じた場合又はその消費者から当該事業者に対して当該措置を講ずる必要がない旨の意思の表明があった場合は、この限りでない。
一　消費者がその使用する電子計算機を用いて送信した時に当該事業者との間で電子消費者契約の申込み又はその承諾の意思表示を行う意思がなかったとき。
二　消費者がその使用する電子計算機を用いて送信した時に当該電子消費者契約の申込み又はその承諾の意思表示と異なる内容の意思表示を行う意思があったとき。

●民法（抜粋）

（錯誤）

第95条　意思表示は、法律行為の要素に錯誤があったときは、無効とする。ただし、表意者に重大な過失があったときは、表意者は、自らその無効を主張することができない。

○**不正請求・架空請求に対する心構えと対策**

・ワンクリック詐欺のような不正請求、架空請求は無視する。個人情報を渡すことになるので、絶対に自分から連絡をしない。

・不正請求の被害に遭った場合は画面を保存しておき、すぐに国民生活センターに相談あるいは通報する。

・電子消費者契約法により、ユーザの操作ミスの救済が考慮されている。ネット通販などでは契約内容を確認する画面の表示が義務づけられている。

アクティブラーニング

　次の課題について、調べて発表してみよう。

課題3.3.1　架空請求、不正請求の具体的な被害事例と相談件数の傾向を国民生活センターのサイトなどで調べなさい。また、犯罪の防止対策について説明しなさい。

課題3.3.2　ツークリック詐欺とはどのような手口か調べなさい。

課題3.3.3　通販サイトを開設する場合、サイトを訪れた消費者が希望する商品を正しく購入できるようにするため、どのような措置をとるべきか。できるだけ具体的に述べなさい。

3.4　ネット詐欺

　インターネットでのショッピングは実店舗と異なり相手を確認できないため、詐欺のトラブルが多発しています。

3.4.1　ネットショッピングの詐欺

　商品の取引をネットワーク上で行う無店舗型の販売店は年々増えており、カタログ通販のように写真を掲載したWebページを介してショッピングが行われています。

　このような取引では、ユーザ個人が実際に商品を手に取り確認することができないため、代金をだまし取られるいわゆる「ネット詐欺」が横行しています。新規のユーザも増加していますので、利用を始めて間もないころにこのような詐欺に引っかかるケースがあり、警告してもなかなか被害件数は減少しません。ほとんどの場合、「商品を注文して代金を振り込んでも何も送付されてこないため、おかしいと思って注文したWebページを見ようとすると、ページごとなくなっていた」というパターンです。詐欺に引っかからないための対策としては以下の3点が挙げられます。

①店舗の実績を確認する。

　詐欺目的のページなら、何ヶ月もの長期間にわたりWebページを開いていることはありません。連絡先がきちんと明示されているかどうかなど、相手の情報を確かめましょう。

②できるだけ先払いは避ける。

　品物の到着時に代引きで支払うほうが安全です。ただし、このシステムが使えない場合もあります。

③取引時の画面やメールを印刷・保存する。

　検挙する場合の手がかりとなるので、品物が到着するまではデータを大切に保存しましょう。

　安全性の高いサイトであれば、カード決済を使用してもよいでしょう。もし商品が送られてこない場合は、カード会社が保証するというシステムもあります。その場合も取引の画面やメールを保存し、警察や国民生活センター（消費生活センター）へ早めに相談しましょう。

3.4.2　ネットオークション

　ネットオークションのサイトでは、多種多様な品物が出品されています。宝石・貴金属や自動車といった高額の物や、個人の趣味で収集され一般に入手困難なグッズなど、さまざまです。オークションの管理者は実際に一つ一つの品々を確認しているわけではなく、ユーザ同士が取引を行う場所を設けているだけです。したがって、ここでも取引の際に起こる詐欺は後を絶ちません。基本的な対策はネットショッピングと同様ですが、オークションにおいてはさらに注意が必要です。

　サイトによっては、もともと取り引きしてはならないもの（毒薬や銃刀類など）が出品されていることもあります。たとえ競り落としても代金をだまし取られるかもしれません。仮に手元に届いても、持っているだけで自分が犯罪者になりますので、規制されている品を取り引きしないよう注意してください。犯罪に巻き込まれた場合に備えて、取引の証拠となるメールは必ず保存しましょう。また、盗品も出品されていることがあります。そこで、2002年に古物営業法が改定され、オークションサイトの開設はすべて公安への届け出制となりました（3.4.3項参照）。

　オークションサイトの表示画面には犯罪者側から見ると詐欺をはたらくためのヒントがいくつもあります。以下はその例です。

・入札者のユーザID
　メールアカウントと同じ場合、メール連絡可能。

・最高値を付けた人（落札者）と落札できなかった人
　2番目に高値を付けた者に、「最高値を付けた人がキャンセルした」というようなメールを出して、代金をだまし取る「次点詐欺」をはたらく。

・安易なパスワード

IDと同じ、もしくは最後の1文字だけ変更するなど、簡単に推測できれば、なりすまし可能。

　詐欺が横行したことから、最近は入札者のユーザIDを隠すようにしているオークションサイトが増えました。もしも、オークション終了後に不審なメールが届いても無視し、特に「次点詐欺」には注意してください。

　IDとメールアカウントは別な文字列にすると、簡単にメール連絡できません。またIDとそっくりのパスワードは危険ですので、推測されないものに変更しましょう。

　オークションサイトによっては、取引の安全性を保つため、入札者と出品者の間に第三者が仲介する、エスクローサービスがあります。取引の際、落札者から代金を預かり、出品者から商品の到着が確認できた後に代金を支払うシステムになっています。エスクロー(escrow)とは、法律用語で条件付第三者預託を意味します。

3.4.3　古物営業法

　ネットオークションでは千差万別の「古物」、いわゆる中古品が取り引きされています。なかなか手に入りにくいようなチケットや、マニアにとって価値の高いプレミア商品も多数あります。そこで、どうしても手に入れたいという気持ちにつけ込んだ詐欺が横行したり、盗品が出品されたりすることがあります（3.4.2項参照）。これらの不正防止やトラブル回避のため、「古物営業法」が2002年に改正され、翌2003年から新古物営業法が施行されています。

　古物の取引を行うには、公安委員会（管轄する警察署等）に「古物商」の許可申請を行う必要があります。また、すでに古物営業許可を受けている古物商がWebサイトで古物取引を行う場合、公安委員会への変更届出書を提出します。いずれの場合も、プロバイダなどから交付された通知書（WebサイトのURLなどが記載されたもの）の写しを添付します。

　オークションサイト（競り売りを行うサイト）を開設するには、「古物競りあっせん業者開始届出書」が必要となります。この届出を行う場合も、プロバイダなどから交付された通知書（WebサイトのURLなどが記載されたもの）の写しを添付し、営業の本拠となる事務所まで届け出ます。届出の期限は営業開始の日から2週間以内です。

　オークションサイトの管理者は古物競りあっせん業の認定を申請することができます。これは国家公安委員会が定める基準に適合するという認定制度で、認定されると、オークションサイトに認定マークを掲示することができます。許可の基準は古物営業法の第3条に定められています。住所不定者や過去に古物商の営業許可を取り消されている場合など、認可が下りないことがあります。

　盗品や違法なものの取引、詐欺などに備えて、サイト管理者は出品者・落札者の身元を確認できるシステムやルール作りが必要です。いうまでもなく証拠となる取引の記録は保存しておくべきです。

●古物営業法（抜粋：定義、許可）
（定義）
第2条　この法律において「古物」とは、一度使用された物品（鑑賞的美術品及び商品券、乗車

券、郵便切手その他政令で定めるこれらに類する証票その他の物を含み、大型機械類（船舶、航空機、工作機械その他これらに類する物をいう。）で政令で定めるものを除く。以下同じ。）若しくは使用されない物品で使用のために取引されたもの又はこれらの物品に幾分の手入れをしたものをいう。

2　この法律において「古物営業」とは、次に掲げる営業をいう。

一　古物を売買し、若しくは交換し、又は委託を受けて売買し、若しくは交換する営業であつて、古物を売却すること又は自己が売却した物品を当該売却の相手方から買い受けることのみを行うもの以外のもの

二　古物市場（古物商間の古物の売買又は交換のための市場をいう。以下同じ。）を経営する営業

三　古物の売買をしようとする者のあつせんを競りの方法（政令で定める電子情報処理組織を使用する競りの方法その他の政令で定めるものに限る。）により行う営業（前号に掲げるものを除く。以下「古物競りあつせん業」という。）

　　－以下略－

（許可）

第3条　前条第二項第一号に掲げる営業を営もうとする者は、営業所（営業所のない者にあつては、住所又は居所をいう。以下同じ。）が所在する都道府県ごとに都道府県公安委員会（以下「公安委員会」という。）の許可を受けなければならない。

　　－以下略－

（許可の基準）

第4条　公安委員会は、前条の規定による許可を受けようとする者が次の各号のいずれかに該当する場合においては、許可をしてはならない。

一　成年被後見人若しくは被保佐人又は破産者で復権を得ないもの

二　禁錮以上の刑に処せられ、又は第31条に規定する罪若しくは刑法（明治40年法律第45号）第247条、第254条若しくは第256条第二項に規定する罪を犯して罰金の刑に処せられ、その執行を終わり、又は執行を受けることのなくなつた日から起算して5年を経過しない者

三　住居の定まらない者

四　第24条の規定によりその古物営業の許可を取り消され、当該取消しの日から起算して5年を経過しない者（許可を取り消された者が法人である場合においては、当該取消しに係る聴聞の期日及び場所が公示された日前60以内に当該法人の役員であつた者で当該取消しの日から起算して5年を経過しないものを含む。）

　　－以下略－

（許可の手続及び許可証）

第5条　第3条の規定による許可を受けようとする者は、公安委員会に、次に掲げる事項を記載した許可申請書を提出しなければならない。この場合において、許可申請書には、国家公安委員会規則で定める書類を添付しなければならない。

一　氏名又は名称及び住所又は居所並びに法人にあつては、その代表者の氏名

二　営業所又は古物市場の名称及び所在地

三　営業所又は古物市場ごとに取り扱おうとする古物に係る国家公安委員会規則で定める区分

四　第13条第一項の管理者の氏名及び住所

五　第2条第二項第一号に掲げる営業を営もうとする者にあつては、行商（露店を出すことを含む。以下同じ。）をしようとする者であるかどうかの別

六　第2条第二項第一号に掲げる営業を営もうとする者にあつては、その営業の方法として、取り扱う古物に関する事項を電気通信回線に接続して行う自動公衆送信（公衆によつて直接受信されることを目的として公衆からの求めに応じ自動的に送信を行うことをいい、放送又は有線放送に該当するものを除く。以下同じ。）により公衆の閲覧に供し、その取引の申込みを国家公安委員会規則で定める通信手段により受ける方法を用いるかどうかの別に応じ、当該古物に関する事項に係る自動公衆送信の送信元を識別するための文字、番号、記号その他の符号又はこれに該当しない旨

　－以下略－

（閲覧等）

第8条の二　公安委員会は、第5条第一項第六号に規定する方法を用いる古物商について、次に掲げる事項を電気通信回線に接続して行う自動公衆送信により公衆の閲覧に供するものとする。

一　氏名又は名称

二　第5条第一項第六号に規定する文字、番号、記号その他の符号

三　許可証の番号

　－以下略－

（標識の掲示等）

第12条　古物商又は古物市場主は、それぞれ営業所若しくは露店又は古物市場ごとに、公衆の見やすい場所に、国家公安委員会規則で定める様式の標識を掲示しなければならない。

2　古物商は、第5条第一項第六号に規定する方法を用いて取引をしようとするときは、その取り扱う古物に関する事項と共に、その氏名又は名称、許可をした公安委員会の名称及び許可証の番号を電気通信回線に接続して行う自動公衆送信により公衆の閲覧に供しなければならない。

○ネット詐欺に対する心構えと対策

・インターネット通販サイトを利用するときには、取引前に実績を十分に確認する。

・詐欺被害に遭った場合に備え、取引時の画面やメールを印刷・保存しておく。

・ネットオークションで取り引きしてはならないものを入札・落札しない。

・取引と無関係な連絡は信用せず無視する（次点詐欺はオークションサイトに通報する）。

・できるだけ先払いは避け、可能ならエスクローサービスを利用する。

アクティブラーニング

　次の課題について、調べて発表してみよう。

課題3.4.1　ネットショッピングやオークションで詐欺の事例を調べ、被害に遭わないために取引で注意すべき点を挙げなさい。

課題3.4.2　チケットの転売（いわゆる「転売屋」）が大きな問題となっていますが、どのような対策が取られているか、具体的に調べなさい。

課題3.4.3　オークションサイトで取り引きしてはならないものを出品すると、どのような問題となるか。できるだけ具体的に調べなさい。

3.5　出会い系サイト

　出会い系サイトは、インターネットがなければ出会う機会がなかった人同士が知り合うきっかけになります。新しい出会いのチャンスに思えますが、犯罪のきっかけや温床にもなっています。

3.5.1　出会い系サイトの被害

　「インターネット異性紹介事業」通称「出会い系サイト」は、掲示板などを通じて新しい友人を作ることを目的とするWebサイトです。しかし、もともと出会うはずがなかった大人と金銭目的の少女がこれらのサイトを利用して知り合い、児童買春の温床になっていることも事実です。中には殺人事件など凶悪犯罪におよんだ事例もあります。

　18歳未満の児童がスマートフォンなどの携帯端末をもつようになり、若年齢層の被害が多くなっています。また、出会い系サイトを利用する男性が、知り合った相手を女性と思って会いに行った結果、金品を恐喝されるというケースもあります。一度くらいなら、という気軽な気持ちからこのような被害に遭うケースが多いので、危険を十分に承知した上で行動しましょう。

　さらに、スマートフォンや携帯電話には静止画や動画の撮影機能が付いています。便利さとは裏腹に、交際相手にわいせつな写真を撮られたり、交際を断った後も写真を掲示板にアップロードされ、中傷されたりする被害も出ています。被害は一瞬で広がりますので、相手に与える精神的なダメージは大変に大きなものです。誹謗中傷や肖像権の侵害は深刻な犯罪です。

　今後、さらに高画質で大容量のスマートフォンが開発されることが予想されますが、使い方を誤れば最新の技術は誰かを不幸にする兵器になってしまいます。軽はずみな行動をとる前に、被害を受ける相手の気持ちになって考えましょう。

3.5.2　出会い系サイトに関係した事件

　警察庁のまとめによると、出会い系サイトの関係する事件で、最も顕著なのは児童買春・児童ポルノ法違反です。

　児童買春は、出会い系サイトを連絡掲示板として使った違法行為です。児童の側が金銭目当てに買春を誘う「不正誘引」で検挙される場合も少なくありません。

　児童ポルノは、知り合った児童をスマートフォンで撮影し、わいせつ画像をインターネット上に掲載したり、販売したりする行為です。「写真をばらまく」と脅迫され、お金を恐喝される事件に発展する場合もあります。

3.5.3　出会い系サイト以外のコミュニティサイト

　2008年に出会い系サイト規制法が改正され、インターネット異性紹介事業者は届出制となり

ました。また、サイトの利用者が児童でないことの確認や、不適切な書き込みの削除などが義務づけられ、パトロール活動や自主的な規制を促しています（詳細は3.5.4～3.5.7項参照）。

　また、携帯端末からのアクセスが大半を占めることから、各プロバイダはフィルタリング機能強化を促進しています。しかし、フィルタリングが強化されると、SNSなど他のコミュニティサイトを使って同じような不正誘引が増加するという傾向もあります。実際に、スマートフォンの「掲示板アプリ」でLINEのIDを交換して、児童買春におよんだ例があります。

　現在、出会い系以外のコミュニティサイトの利用から児童買春・児童ポルノの被害にあった児童の数は、出会い系サイトの利用をきっかけとした場合の被害者数を上回っています。近年ではマッチングアプリでも同じような事例が増えてきています。出会い系サイトだけでなく一般サイトでも、ネットで知り合った人と安易に会ってはいけません。

　2009年頃からは、家出して泊まる場所を探している少女を誘い込む「家出掲示板」が新たな問題となっています。すでに軟禁や暴力事件も発生しました。よって、今後もサイバーパトロールやプロバイダによる監視体制は重要となります。

3.5.4　出会い系サイトの規制

　携帯電話・スマートフォンを中高生が所持するようになり、出会い系サイトをきっかけとする児童買春・児童ポルノの被害が急増しました。このような18歳未満の児童を巻き込んだ犯罪を取り締まるため、「インターネット異性紹介事業を利用して児童を誘引する行為の規制等に関する法律」（俗称：出会い系サイト規制法）が2003年に制定され、施行されています。

　「インターネット異性紹介事業」とは、面識のない異性同士が交際に関する情報を掲示板などで交換・閲覧できるサイトです。また、交際を希望する者同士がメール等で連絡を取ることができます。利用に当たり、有料か無料かにかかわらず、これらのサービスを提供していれば出会い系サイトということになります。

●インターネット異性紹介事業を利用して児童を誘引する行為の規制等に関する法律（定義）
（定義）
第2条　この法律において、次の各号に掲げる用語の意義は、それぞれ当該各号に定めるところによる。
一　児童　18歳に満たない者をいう。
二　インターネット異性紹介事業　異性交際(面識のない異性との交際をいう。以下同じ。)を希望する者（以下「異性交際希望者」という。）の求めに応じ、その異性交際に関する情報をインターネットを利用して公衆が閲覧することができる状態に置いてこれに伝達し、かつ、当該情報の伝達を受けた異性交際希望者が電子メールその他の電気通信（電気通信事業法（昭和59年法律第86号）第2条第一号に規定する電気通信をいう。以下同じ。）を利用して当該情報に係る異性交際希望者と相互に連絡することができるようにする役務を提供する事業をいう。
三　インターネット異性紹介事業者インターネット異性紹介事業を行う者をいう。
　－以下略－

3.5.5　出会い系サイトの利用における禁止事項

　まず、利用者側の注意ですが、そもそも児童の利用が禁じられているサイトですので、児童を性交渉や買春に誘引するような書き込みは禁止です（第6条）。また、児童から人（児童をのぞく）を買春や性的関係に誘引するような書き込みも禁止されています。書き込みの中には、「諭吉3人」（3万円）、「JK」（女子高生）、「ホ別」（ホテル代別）のような隠語を使った表現も使われていますが、内容からして違反行為であることに変わりありません。違反すればいずれも100万円以下の罰金刑となります（第33条）。

●インターネット異性紹介事業を利用して児童を誘引する行為の規制等に関する法律（抜粋）
（児童に係る誘引の禁止）
第6条　何人も、インターネット異性紹介事業を利用して、次に掲げる行為（以下「禁止誘引行為」という。）をしてはならない。
一　児童を性交等（－中略－）の相手方となるように誘引すること。
二　人（児童を除く。－中略－）を児童との性交等の相手方となるように誘引すること。
三　対償を供与することを示して、児童を異性交際(性交等を除く。－中略－)の相手方となるように誘引すること。
四　対償を受けることを示して、人を児童との異性交際の相手方となるように誘引すること。
　－以下略－
（罰則）
第33条　第6条（－中略－）の規定に違反した者は、100万円以下の罰金に処する。

○コラム：一般サイトでの異性交際に関する書き込み

　出会い系サイトの規制が強まると、他のサービスを使った不正誘引が問題になってきました。
　例えば、SNS（出会い系以外）のような掲示板で、ある会員が異性紹介事業に当たるコーナーを立ち上げて、異性同士が交際を目的とした書き込みをしているとします。この場合、SNSの管理者が該当するコーナーを放置しておくと、実質としてそのSNSはインターネット異性紹介事業と判断されます。つまり、出会い系サイトに限らず書き込みの内容によって禁止行為か否かを判断されることになります。警察庁では2008年12月に「インターネット異性紹介事業の定義に関するガイドライン」としてインターネット異性紹介事業を利用して児童を誘引する行為の規制等に関する法律の第2条第2項や第6条に関わる具体的な例を示し、一般サイトにおける管理について注意を喚起しています。
　また、スマートフォンの掲示板アプリなども出会い系として使われるケースがありますが、まだ規制対象となっていません。児童の不正誘引など問題が大きくなると、規制するための法改正が求められるかもしれません。

3.5.6　インターネット異性紹介事業の届出制

　出会い系サイトでのトラブルを未然に防止するため、2008年に法改正が行われ、サイトの事業者について届出制が導入されました。

　新規に出会い系サイトでインターネット異性紹介事業を行うには事業開始の1ヶ月前までに、既設の出会い系サイトについても1ヶ月以内に届出が必要です。届出書には住民票の写し等の添付書類が必要です。事業廃止や変更についても14日以内に届け出なければなりません。届出先は事

業の本拠となる事務所を管轄する公安委員会です。公安委員会は事業者の監督として、事業者に対して報告・資料請求、指示、事業停止および廃止命令等を行うことができます。

　また、インターネット異性紹介事業を利用して児童を誘引する行為の規制等に関する法律の第8条に示される欠格事由に該当する場合は、事業を行うことはできません。以下は主な欠格事由の例です。

・児童買春・児童ポルノ等で処罰され、5年を経過していない者
・最近5年間に事業停止命令または事業廃止命令に違反した者
・暴力団員または暴力団員でなくなった日から5年を経過しない者
・未成年者

●インターネット異性紹介事業を利用して児童を誘引する行為の規制等に関する法律（抜粋）
（インターネット異性紹介事業の届出）
第7条　インターネット異性紹介事業を行おうとする者は、国家公安委員会規則で定めるところにより、次に掲げる事項を事業の本拠となる事務所（事務所のない者にあっては、住居。第三号を除き、以下「事務所」という。）の所在地を管轄する都道府県公安委員会（以下「公安委員会」という。）に届け出なければならない。この場合において、届出には、国家公安委員会規則で定める書類を添付しなければならない。
一　氏名又は名称及び住所並びに法人にあっては、その代表者の氏名
二　当該事業につき広告又は宣伝をする場合に当該事業を示すものとして使用する呼称（－以下略－）
三　事業の本拠となる事務所の所在地
四　事務所の電話番号その他の連絡先であって国家公安委員会規則で定めるもの
　－以下略－
2　前項の規定による届出をした者は、当該インターネット異性紹介事業を廃止したとき、又は同項各号に掲げる事項に変更があったときは、国家公安委員会規則で定めるところにより、その旨を公安委員会（－中略－）に届け出なければならない。この場合において、届出には、国家公安委員会規則で定める書類を添付しなければならない。
（欠格事由）
第8条　次の各号のいずれかに該当する者は、インターネット異性紹介事業を行ってはならない。
一　破産手続開始の決定を受け復権を得ない者
二　禁錮以上の刑に処せられ、又はこの法律、児童福祉法（昭和22年法律第164号）第60条第一項若しくは児童買春、児童ポルノに係る行為等の処罰及び児童の保護等に関する法律（平成11年法律第52号）に規定する罪を犯して罰金の刑に処せられ、その執行を終わり、又は執行を受けることがなくなった日から起算して5年を経過しない者
三　最近5年間に第14条又は第15条第二項第二号の規定による命令に違反した者
四　暴力団員による不当な行為の防止等に関する法律（平成3年法律第77号）第2条第六号に規定する暴力団員（以下この号において単に「暴力団員」という。）である者又は暴力団員でなくなった日から5年を経過しない者

五　未成年者（児童でない未成年者にあっては、営業に関し成年者と同一の行為能力を有する者及びインターネット異性紹介事業者の相続人でその法定代理人が前各号のいずれにも該当しないものを除く。）

　－以下略－

3.5.7　インターネット異性紹介事業者の義務

　犯罪の温床とならないようにサイトを運営するため、インターネット異性紹介事業者には、管理者としての以下のような義務が課せられます。特に児童の利用禁止や年齢確認および書き込み内容に応じた措置について、インターネット異性紹介事業を利用して児童を誘引する行為の規制等に関する法律の第10〜12条に示されています。

・児童による利用の禁止を明示する。

　出会い系サイトの広告や宣伝において、児童が利用してはならないことを明示しなければならない。また、利用しようとする者に、児童が利用してはならないことをWebページ上に表示するなどして伝達しなければならない。

・利用者が児童でないことを確認する。

　閲覧や書き込みをしたり、メールなどで利用者同士が連絡を取り合ったりする場合、児童でないことを確認しなければならない。確認方法は免許証や保険証の写しや、児童が利用できないクレジットカードを用いた支払い方法による。

・禁止事項が公衆に閲覧されることを防止する。

　禁止事項と判断される書き込みを見つけた場合、その書き込みを速やかに削除して他の利用者が閲覧できないような措置をとる。

　これらの義務を怠った場合、事業の全部もしくは一部の停止を公安委員会に命ぜられることになります（第14条）。

●インターネット異性紹介事業を利用して児童を誘引する行為の規制等に関する法律（抜粋）
（利用の禁止の明示等）
第10条　インターネット異性紹介事業者は、その行うインターネット異性紹介事業について広告又は宣伝をするときは、国家公安委員会規則で定めるところにより、児童が当該インターネット異性紹介事業を利用してはならない旨を明らかにしなければならない。
2　前項に規定するもののほか、インターネット異性紹介事業者は、国家公安委員会規則で定めるところにより、その行うインターネット異性紹介事業を利用しようとする者に対し、児童がこれを利用してはならない旨を伝達しなければならない。
（児童でないことの確認）
第11条　インターネット異性紹介事業者は、次に掲げる場合は、国家公安委員会規則で定めると

ころにより、あらかじめ、これらの異性交際希望者が児童でないことを確認しなければならない。ただし、第二号に掲げる場合にあっては、第一号に規定する異性交際希望者が当該インターネット異性紹介事業者の行う氏名、年齢その他の本人を特定する事項の確認（国家公安委員会規則で定める方法により行うものに限る。）を受けているときは、この限りでない。

一　異性交際希望者の求めに応じ、その異性交際に関する情報をインターネットを利用して公衆が閲覧することができる状態に置いて、これに伝達するとき。

二　他の異性交際希望者の求めに応じ、前号に規定する異性交際希望者からの異性交際に関する情報をインターネットを利用して公衆が閲覧することができる状態に置いて、当該他の異性交際希望者に伝達するとき。

三　前二号の規定によりその異性交際に関する情報の伝達を受けた他の異性交際希望者が、電子メールその他の電気通信を利用して、当該情報に係る第一号に規定する異性交際希望者と連絡することができるようにするとき。

四　第一号に規定する異性交際希望者が、電子メールその他の電気通信を利用して、第一号又は第二号の規定によりその異性交際に関する情報の伝達を受けた他の異性交際希望者と連絡することができるようにするとき。

（児童の健全な育成に障害を及ぼす行為の防止措置）

第12条　インターネット異性紹介事業者は、その行うインターネット異性紹介事業を利用して禁止誘引行為が行われていることを知ったときは、速やかに、当該禁止誘引行為に係る異性交際に関する情報をインターネットを利用して公衆が閲覧することができないようにするための措置をとらなければならない。

（事業の停止等）

第14条　インターネット異性紹介事業者がその行うインターネット異性紹介事業に関し第8条第二号に規定する罪（この法律に規定する罪にあっては、第31条の罪及び同条の罪に係る第35条の罪を除く。）その他児童の健全な育成に障害を及ぼす罪で政令で定めるものに当たる行為をしたと認めるときは、当該行為が行われた時における当該インターネット異性紹介事業者の事務所の所在地を管轄する公安委員会は、当該インターネット異性紹介事業者に対し、6月を超えない範囲内で期間を定めて、当該インターネット異性紹介事業の全部又は一部の停止を命ずることができる。

○出会い系サイトやSNSの利用に関する心構えと対策

・出会い系サイトやSNSで知り合った人と、軽い気持ちで会わないようにする。

・児童買春、児童ポルノの温床とならないように、分別ある行動をとる。性交渉や買春に誘引する書き込みは禁止されている。

・インターネット異性紹介事業には、利用者が児童でないことの確認義務がある。児童の利用や児童を誘引する書き込みを見かけたら通報する。

アクティブラーニング

　次の課題について、調べて発表してみよう。

課題3.5.1　　出会い系サイトと出会い系以外のサイトについて、警察庁の統計資料を参考に、児童買春や児童ポルノ等の犯罪件数の推移を調べなさい。

課題3.5.2　　出会い系サイトで知り合った18歳未満の児童と会うと、どのような問題となるか。できるだけ具体的に調べなさい。

3.6　違法販売・有害情報

　インターネット上には、犯罪への入り口となる闇のサイトが多く存在しています。取り締まりがなかなか困難ですので、自分が誘い込まれないように気をつけるべきです。

3.6.1　違法販売

　わいせつな画像や動画、海賊版のソフトなどを販売しているサイトが多く存在します。また、児童ポルノ（18歳未満を対象としたポルノ画像など）の公開は法律で禁じられていますが、実際には外国のサーバを利用したりして法律をかいくぐろうとしているWebサイトがあります。日本では2015年7月から児童ポルノの単純所持が処罰対象となりました。

　また、違法なドラッグや、銃刀類なども含め、売買や所持が禁止されているものがあります。もし、これらを取り引きできるサイトを見つけても相手にしてはいけません。なお、厚生労働省は2014年に、薬事法を「医薬品、医療機器等の品質、有効性及び安全性の確保等に関する法律」（通称：薬機法）と改正しました。一般の医薬品について、許可を得た店舗に限り、ネットでの販売が可能となりましたが、薬品を購入する際は、違法な業者やサイトをでないかよく確認し、正規のルートで入手してください。

　インターネットに国境はありませんし、次々と新しいサイトが生まれていますので、すべてを取り締まることは困難です。しかし、関われば自分が罪人となる可能性があります。情報はいくらでも得られますが、無法地帯とも言えますので、ユーザ側での善悪の判断や見極めが大変重要です。特に、怪しげな有料サイトや、いかがわしいDVD販売などには近づかないようにしましょう。以下は日本で禁止されている物の違法販売や掲載の例です。

・わいせつ物販売、掲載
・児童ポルノ販売、掲載
・覚醒剤、危険ドラッグ販売
・銃砲刀剣類販売

3.6.2　有害情報の掲載

　インターネット上には自殺や犯罪を誘うようなサイトがあり、人が死亡する事件が起こっています。

■自殺サイト
　自殺方法の情報交換や、自殺仲間を募る掲示板を設けているサイトがあります。いわゆる自殺

サイトです。

　2004年頃から、このようなサイトを通じて連絡を取り合った自殺志願者たちが、車中で練炭に火をつけて中毒死するという事件が相次いで起こりました。また、2008年には、密閉した室内で園芸用の農薬と洗浄剤を混合して有毒ガス（硫化水素ガス）を発生して自殺する事件が多発しています。二次的被害として有毒ガスが部屋から漏れ、自殺者以外の人も巻き込まれました。

　Webページを見ることは自由ですが、マイナスの影響を受け、早まった行動で自分や周囲を不幸に陥れるような考え方をせず、困ったことがあれば1人で悩まず誰かに相談してみましょう。掲示板は自由な情報交換の場所であり、情報の内容については言論・表現の自由が認められています。しかし、さまざまな人が閲覧しますので、このような有害情報の掲載は大きな問題です。

■犯罪を誘引するサイト

　2007年、ネット掲示板で知り合った仲間3人が集まり、通りがかった面識のない女性を拉致して殺害するという事件が発生しました。犯人グループは闇サイトがきっかけでこのような犯罪を計画し、実行しました。他にも、「あなたの恨みはらします。」、「殺したいやつはいませんか。」といった犯罪を請け負うような危険なサイトもあります。これらのサイトは犯罪の共謀や請負に関する掲示板となっており、凶悪犯罪に直接結びつくケースもあります。

　他にも泥棒や殺人の方法などを公開して、犯罪を誘発するような情報を掲載しているサイトもあるようです。言うまでもなく、サイバーパトロールで取り締まり、閉鎖するべきです。もし、個人で見つけても深入りせず、警察やプロバイダなどに届けましょう。

■青少年ネット規制法（有害サイト規制法）

　2008年6月、有害情報対策として、「青少年が安全に安心してインターネットを利用できる環境の整備等に関する法律」（略称：「青少年ネット規制法」、俗称：「有害サイト規制法」）が成立しました。この法律で携帯電話の事業者やパソコンメーカーに対して、フィルタリング（有害情報の遮断）を義務づけることになりました。なお、「有害か否か」、「何が有害情報か」の基準は、民間の第三者機関が策定するという方針です。

　また、他の有害情報対策として2008年9月に「中間法人インターネットコンテンツ審査監視機構I-ROI」が発足されました。この団体の目的はインターネット上の有害情報を審査・認定することです。有害かどうかを判断し、年齢別に3段階の認定マークを付与することにより、健全なコンテンツの判断材料にしてもらうということです。

　自殺関与や犯罪誘引サイトに関連する法律については3.6.3、3.6.4項で解説します。

3.6.3　闇サイトに関する法律

　これまで違法販売・有害情報について取り上げましたが、ここではそれらに関連する法律と、通報や相談窓口について説明します。

■自殺サイト

　Webサイトは自由な情報交換の場所です。よって、自殺の仲間を募集したり、自殺の方法を

掲載したりする「自殺サイト」を即座に違法として取り締まることはできません。しかし、このようなサイトでの情報が原因となり、多くの人命が奪われています。法的な措置としては、実害についていくつかの関係する刑法があります。

・自殺関与

現在、自殺そのものは未遂であるか否かにかかわらず刑法では処罰されません。しかし、自殺を勧める、もしくは自殺しようとする人に毒物を提供するなどして幇助する行為は「自殺関与」となります。さらに、自殺者自身から頼まれて毒を口に含ませると「同意殺人」となります。

●刑法（抜粋）
（殺人）
第199条　人を殺した者は、死刑又は無期若しくは5年以上の懲役に処する。
（自殺関与及び同意殺人）
第202条　人を教唆し若しくは幇助して自殺させ、又は人をその嘱託を受け若しくはその承諾を得て殺した者は、6月以上7年以下の懲役又は禁錮に処する。
（未遂罪）
第203条　第199条及び前条の罪の未遂は、罰する。（自殺関与及び同意殺人）

・集団自殺を装った殺人

2004年から2005年にかけて車内に持ち込んだ七輪で練炭に火をつけて酸化炭素中毒による自殺が相次ぎました。1人よりも自殺サイトで自殺仲間を募って集団で自殺するケースが大多数でした。その中で、他人が死ぬところを見てみたいという目的で、自殺サイトを利用し仲間を募って集団自殺を企てるケースがありました。これは、「殺人罪」および「死体遺棄罪」で逮捕されています。

■犯罪を誘引するサイト

犯罪仲間の誘引、復讐の請負、銃刀類など違法な物品の譲渡、爆発物の製造などを掲示板で情報交換する闇サイトがあります。自殺サイトと同様に、違法として完全に取り締まることはできません。

実害が出た場合、刑法の傷害罪や殺人罪が適用されます。また、共犯や教唆（そそのかして犯罪を決意させる）等ついても同罪とされています。以下は、刑法第60～62条です。前述の「幇助」についても第62条に罰則があります。

●刑法（抜粋）
（共同正犯）
第60条　二人以上共同して犯罪を実行した者は、すべて正犯とする。
（教唆）
第61条　人を教唆して犯罪を実行させた者には、正犯の刑を科する。
2　教唆者を教唆した者についても、前項と同様とする。

（幇助）

第62条　正犯を幇助した者は、従犯とする。

2　従犯を教唆した者には、従犯の刑を科する。

（傷害）

第204条　人の身体を傷害した者は、15年以下の懲役又は50万円以下の罰金に処する。

（傷害致死）

第205条　身体を傷害し、よって人を死亡させた者は、3年以上の有期懲役に処する。

　また、日本では銃砲刀剣類（銃刀類）を使った凶悪犯罪を防止するため、所持は原則として禁止されています。違反すれば「銃砲刀剣類所持等取締法」（通称、銃刀法）により処罰対象となります。銃刀類を所持するためには公安へ届出が必要で、所持する者は制限されます。警察官や警察で銃を管理する者、また狩猟、競技としての射撃を目的とする場合などが該当します。

　また、所持者に対しては銃刀類の管理についても厳しく定められています。例えば、他者への譲渡や貸し付けは禁止です。よって、インターネットで許可を受けていない個人を対象に銃刀類を取り引きすることは違法行為です。

　以下に銃砲刀剣類所持等取締法を一部のみ抜粋します。第3条では拳銃本体とその部品の所持、輸入、譲り受け・借り受けなどの禁止について、第4条では所持の許可を受けるための条件が詳細に定められています。

●銃砲刀剣類所持等取締法（抜粋：所持の禁止）

（所持の禁止）

第3条　何人も、次の各号のいずれかに該当する場合を除いては、銃砲又は刀剣類を所持してはならない。

一　法令に基づき職務のため所持する場合

二　国又は地方公共団体の職員が試験若しくは研究のため、第5条の三第一項若しくは鳥獣の保護及び狩猟の適正化に関する法律（－中略－）の用に供するため、又は公衆の観覧に供するため所持する場合

　－以下略－

（許可）

第4条　次の各号のいずれかに該当する者は、所持しようとする銃砲又は刀剣類ごとに、その所持について、住所地を管轄する都道府県公安委員会の許可を受けなければならない。

一　狩猟、有害鳥獣駆除又は標的射撃の用途に供するため、猟銃又は空気銃を所持しようとする者（－以下略－）

二　人命救助、動物麻酔、と殺又は漁業、建設業その他の産業の用途に供するため、それぞれ、救命索発射銃、救命用信号銃、麻酔銃、と殺銃又は捕鯨砲、もり銃、捕鯨用標識銃、建設用びよう打銃、建設用綱索発射銃その他の産業の用途に供するため必要な銃砲で政令で定めるものを所持しようとする者

　－以下略－

3.6.4　闇サイトの通報

　前項で示した自殺や犯罪誘引、その他にも違法性のある情報、公序良俗に反する情報などを受け付ける窓口として「インターネット・ホットラインセンター」があります。具体的には以下に示すような情報を見つけたら、凶悪犯罪や人命の損なわれるような事件を防止する意味で通報してください。

・情報自体から違法行為と見なされるもの
　銃刀類の取引、爆発物の製造、殺人、脅迫などの請負・誘引等

・人を自殺に誘引・勧誘する情報
　集団自殺の呼びかけ、自殺方法や幇助に関する書き込み

・規制薬物の濫用・取引をあおるような記述
　大麻の栽培など麻薬の製造につながる情報

　インターネット・ホットラインセンターでは、振り込め詐欺やわいせつ犯罪に関する情報も受け付けています。その他、本書で紹介した相談窓口を下記にまとめます。

■インターネットのトラブルに関する届出および相談窓口
・情報処理推進機構
　不正アクセス、ウィルス、不審メール等の届出と相談
　https://www.ipa.go.jp/security/todoke/

・誹謗中傷ホットライン（一般社団法人セーファーインターネット協会）
　https://www.saferinternet.or.jp/bullying/

・インターネット人権相談受付窓口（法務省）
　http://www.moj.go.jp/JINKEN/jinken113.html

・迷惑メール相談センター（財団法人日本データ通信協会）
　「特定電子メール」（広告又は宣伝目的）に関する相談
　https://www.dekyo.or.jp/soudan/

・インターネット・ホットラインセンター（IAJapan 財団法人インターネット協会）
　日本におけるインターネット上の違法・有害情報の通報受付
　http://www.internethotline.jp/

・国民生活センター
　フィッシング詐欺等、インターネットのトラブル全般に関する相談窓口

http://www.kokusen.go.jp/

・全国の消費生活センター等
http://www.kokusen.go.jp/map/

・警察庁　サイバー犯罪対策
　・サイバー犯罪の予防策・対処法に関する情報
　https://www.npa.go.jp/cyber/index.html

　・インターネット安全・安心相談
　https://www.npa.go.jp/cybersafety/

　・全国（都道府県別）警察サイバー犯罪相談窓口一覧
　https://www.npa.go.jp/cyber/soudan.htm

○違法販売・有害情報に対する心構えと対策
・自殺サイトに関わらないようにする。自殺を勧める行為や毒物提供などの幇助は自殺関与罪となる。
・犯罪の誘因、復讐、銃刀類の取引、爆発物の製造などの掲示板を見つけたら通報する。

アクティブラーニング
　次の課題について、調べて発表してみよう。

課題3.6.1　インターネット上で取り引きしてはならないものについて、できるだけ具体的に示しなさい。また、そのような取引を行っているサイトを見つけた場合、どこに通報したらよいか調べなさい。

課題3.6.2　闇サイトや学校裏サイトはどうして発見されにくいか。また、ダークウェブとはどのようなものか調べなさい。

課題3.6.3　SNSなどで自殺仲間を勧誘する書き込みを発見した場合、どのような行動をとるべきか説明しなさい。

第4章　個人情報と知的財産権

　あなたが普段利用しているサービスを悪意のある人が不正利用すると、メールを読まれる、個人情報を盗まれるという被害が生じます。さらに、犯人はあなたになりすまして別の犯罪に手を染めるかもしれません。あなたは踏み台にされ、まるで加害者のように扱われる可能性があります。不正アクセスはインターネットの象徴的な犯罪で、それがきっかけとなって非常に大きな事件につながることがあるのです。

　また、画像や動画などのファイルは複製が可能で、誰でもインターネットにアップロードして公開することができます。しかし、著作権に配慮しなければ犯罪行為として処罰されることがあります。

　この章では、インターネットの普及とともに重大な問題となってきた犯罪の情勢と、それを取り締まる法律について学習します。

4.1　不正アクセス

　パスワードが知られると、簡単にシステムに侵入されてしまいます。重要な情報を盗まれないため、自己防衛の意識が重要です。

4.1.1　不正アクセスとは

　正規ユーザ以外の者が本来アクセス権のないコンピュータやシステムへ侵入することを、不正アクセス (illegal access) といいます。顔が見えないため、アカウント (account) を入手すれば簡単に正規ユーザになりすますことができます。不正アクセスはサイバー犯罪の象徴とも言うべき犯罪で、その原因はアカウントの盗用や不正流用による助長行為です。よって、ユーザは各自がアカウントを自己管理するという意識が必要です。

不正アクセス行為
・盗用などで知った他人のアカウントでアクセスする。→「なりすまし」
・正規のユーザに無断でアカウントを提供する。→「助長行為」
・アカウントを盗むために偽装サイトを開設する（フィッシング）。→「準備行為」

　他にもシステムやソフトウェアの 脆弱性 (vulnerability) を狙う「クラッキング」(cracking) があります。いったん不正アクセスを許すと、以下のような他のサイバー犯罪を引き起こすきっかけとなる可能性もあります。

・本人に送信されたメールを盗み見る。
・盗用したユーザIDを利用して、サーバを破壊する。
・そのプロバイダが提供するさまざまなサービスを不正に利用する。
・本人になりすまして詐欺をはたらく。
・サーバを踏み台にして、別のサーバを攻撃する。

　このような行為は不正アクセス禁止法により3年以下の懲役または100万円以下の罰金が科されます（4.1.3項参照）。他にも、システムをダウンさせ、サービスを停止させるなどの被害を与えれば刑法によって罰せられます。いたずら目的でも不正アクセスは犯罪となりますので、他人のユーザIDやパスワードを知ってしまっても、絶対にアクセスしてはいけません。

4.1.2　アカウント盗用の防止

　アカウントはユーザ自身がしっかり管理しなければなりません。うっかりして悪意のある人にアカウントを知られると、不正アクセスの原因となり、自分ばかりか他の人まで犯罪に巻き込む恐れがあります。また、自分のユーザID・パスワードなどを故意に漏らしたり、他人に貸し出したりしてはいけません。大学や企業などの運用規則で、このような行為は一般に禁じられているでしょう。

　パスワードはできるだけ他人に推測されにくい文字列を考えてください。良いパスワードの条件をいくつか列挙します。

・十分に長い（8文字以上を推奨）。
・アルファベットの大文字と小文字を使う。
・数字や記号を混ぜる（記号が使えないシステムもあります）。
・単語をそのまま単独で使わない。
・自分の個人情報（誕生日、電話番号）と無関係なものにする。
・地名や人名などを使わない。

　なお、管理者を装ってアカウントを巧みに聞き出すことを「ソーシャルエンジニアリング」(social engineering) といいます。「【緊急】」、「《※重要》」というような件名でパスワードを尋ねるメールを受けても、パスワードを返信してはいけません。このようなメールには返信せず、プロバイダに届け出ましょう。

4.1.3　不正アクセス行為の禁止等に関する法律

　1999年、不正アクセスで実害が出た場合の罰則や管理者が行うべき防御措置などを定めた「不正アクセス行為の禁止等に関する法律」が交付され、翌年から施行されました（通称「不正アクセス禁止法」）。さらに、2012年には改正により罰則が強化され、不正アクセスの原因となるフィッシング等の準備行為も禁止されました。

　不正アクセス禁止法は、以下の内容で構成されています。

第1条　目的
第2条　定義
第3条　不正アクセス行為の禁止
第4条　他人の識別符号を不正に取得する行為の禁止
第5条　不正アクセス行為を助長する行為の禁止

第6条　他人の識別符号を不正に保管する行為の禁止
第7条　識別符号の入力を不正に要求する行為の禁止
第8条　アクセス管理者による防御措置
第9～10条　都道府県公安委員会による援助等
第11～13条　罰則

　アクセス制御を行っているシステム、つまりユーザIDとパスワードがなければログインできないコンピュータやネットワークに、他人のアカウントでアクセスする行為は、「何人も」、またいかなる場合でも不正アクセスとなります（第3条）。罰則として3年以下の懲役または100万円以下の罰金となります（第11条）。セキュリティホールなどの脆弱性を突いたアクセスの場合も同様です。

　また、改正により次に挙げる「不正アクセスの準備行為」も禁止されました。

・ID・パスワードを不正に取得する（第4条）。
・入手したID・パスワード等を他人に提供する（第5条）。
・IDを不正に保管する（第6条）。
・フィッシングサイトを作成、公開する。メールを送信してIDを入力させる（第7条）。

　いずれも1年以下の懲役又は50万円以下の罰金刑です（第12条）。

●不正アクセス行為の禁止等に関する法律（抜粋）
（不正アクセス行為の禁止）
第3条　何人も、不正アクセス行為をしてはならない。
（他人の識別符号を不正に取得する行為の禁止）
第4条　何人も、不正アクセス行為（第2条第4項第1号に該当するものに限る。第6条及び第12条第2号において同じ。）の用に供する目的で、アクセス制御機能に係る他人の識別符号を取得してはならない。
（不正アクセス行為を助長する行為の禁止）
第5条　何人も、業務その他正当な理由による場合を除いては、アクセス制御機能に係る他人の識別符号を、当該アクセス制御機能に係るアクセス管理者及び当該識別符号に係る利用権者以外の者に提供してはならない。
（他人の識別符号を不正に保管する行為の禁止）
第6条　何人も、不正アクセス行為の用に供する目的で、不正に取得されたアクセス制御機能に係る他人の識別符号を保管してはならない。
（識別符号の入力を不正に要求する行為の禁止）
第7条　何人も、アクセス制御機能を特定電子計算機に付加したアクセス管理者になりすまし、その他当該アクセス管理者であると誤認させて、次に掲げる行為をしてはならない。ただし、当該アクセス管理者の承諾を得てする場合は、この限りでない。

一　当該アクセス管理者が当該アクセス制御機能に係る識別符号を付された利用権者に対し当該識別符号を特定電子計算機に入力することを求める旨の情報を、電気通信回線に接続して行う自動公衆送信（公衆によって直接受信されることを目的として公衆からの求めに応じ自動的に送信を行うことをいい、放送又は有線放送に該当するものを除く。）を利用して公衆が閲覧することができる状態に置く行為

二　当該アクセス管理者が当該アクセス制御機能に係る識別符号を付された利用権者に対し当該識別符号を特定電子計算機に入力することを求める旨の情報を、電子メール（特定電子メールの送信の適正化等に関する法律（平成14年法律第26号）第2条第1号に規定する電子メールをいう。）により当該利用権者に送信する行為

　Webサーバ等の管理者は不正アクセスの被害にあった場合、公安委員会に届け出て援助を求めることができます。再発防止と犯人の特定のもとになる資料として、アクセスログは一定期間保管しておきましょう。また、ユーザにはアカウントの配布時にパスワード管理の重要性を説明すると共に、定期的なパスワード変更を呼びかけてください。1人のずさんな管理でシステムや組織全体が脅威にさらされることがあります。

　また、不正アクセスの疑いが持たれるサーバは、直ちにインターネットから切り離してください。踏み台として使われている可能性がありますので、公安委員会の指導等で状況を把握し、被害を最小限にとどめてください。最近では、インターネットから脆弱性を狙ってアクセスを試みるポートスキャンや、ボットのようなタイプのウィルスに感染していることが原因となるケースが多いようです。

　この法律に先駆け、IPA（情報処理推進機構）では1996年に「不正アクセス対策基準」を定めました。システムユーザ、システム管理者、ネットワークサービス事業者およびハードウェア・ソフトウェア供給者別に対策基準が設定されています。また、相談窓口も設置し、現在も被害が出た場合の届け出や再発防止対策に従事しています。

○不正アクセスに関する心構えと対策
・パスワードは自己責任で推定されにくい文字列を作成し、厳重に管理する。
・アカウントの貸し借りをしない。
・ID・パスワードを不正に取得する行為は不正アクセス行為として処罰される。システムに不正に侵入し、盗難や破壊行為などをしなくても不正アクセスとなる。
・不正な手段で入手したID・パスワード等を他人に提供する行為も不正アクセスの助長行為となる。
・フィッシングサイトを開設してアカウントを不正入手する行為は、不正アクセスの準備行為となる。

アクティブラーニング
　次の課題について、調べて発表してみよう。

課題4.1.1　不正アクセスされるとどのような被害に遭う危険性があるか、具体的に説明しなさい。

課題4.1.2　複数のシステムで共通のパスワードを使い回すとどのような危険があるか説明しなさい。

課題4.1.3　自分の使用するID・パスワードの管理についての注意点を述べなさい。

課題4.1.4　良いパスワードの作り方をいくつか示しなさい。

課題4.1.5　あなたが不正に入手した知り合いのアカウントを使ってシステムにログインした場合、どのような罰則が適用されるか。また、ログインしてからメールやファイルを盗み見するとどのような罪になるか。できるだけ具体的に調べなさい。

課題4.1.6　偶然、友人のパスワードを知ってしまったとき、あなたはどのような行動をとるべきか説明しなさい。

4.2　個人情報の漏えい

　電子商取引、懸賞の応募やアンケートなどは、インターネットで大変手軽にできるようになりました。これに伴い、代金を支払うためカード番号を入力したり、入力フォームにプライベートな情報を書き込んだりする機会も増えています。そこで生じているのが個人情報の漏えいや悪用といった問題です。

4.2.1　情報流出の危険

　インターネットを窓口とした場合に限らず、収集する側は個人情報の取り扱いを厳重に行う必要があります。ひとたび流出してしまうと、以下のような大きな危険が生じます。

・プライバシーが侵害される。
・流出した情報を悪用される。
・収集する側の社会的信用が失墜する。

　収集された情報が企業内や学内から流出する原因を以下に示します。

・内部の人間が不正に持ち出す。
　これを防ぐためには、企業内や学内における情報の管理方法を明確にしておく必要があります。また、具体的なハードウェアの管理、ユーザアカウントの発行、ファイルに対するアクセス権、情報閲覧の許可などについて、その部署にカスタマイズしたルールが必要です。

・部外者に盗まれる。

正規ユーザがパスワードを盗まれたり、パソコンや書類を車上ねらいなどに盗まれたりするケースがあります。

・ウィルスに感染して流出する。

　パソコンやUSBメモリのような小型メディアが感染するウィルスによって情報流出することがあります。情報を持ち出す必要がある場合、情報漏えいの危険性を十分に察知して行動しましょう。また、アプリの脆弱性を突いてウィルス感染する場合がありますので、業務に関係ないアプリをインストールして利用しないように、各部署でルールを決めておくべきです。

　なお、ユーザ自身が意図せず情報を不正流用したり、情報を扱う業者がずさんな管理をしたりしないよう、個人情報保護法（個人情報の保護に関する法律）が2005年4月より施行されています（詳細は4.2.3項を参照）。

4.2.2　不正な情報収集

　個人情報を不正に入手するため、占いや懸賞付きのアンケートを装って住所やメールアドレスなどを入力させるサイトがあります。また、金融機関を装ったメールを送りつけて、巧みな文章で偽装サイトに誘導するフィッシング(phishing)という犯罪が多発しています。フィッシングは以下のような手口です（図4.1）。

1．ダイレクトメールなどを送信する（餌）。
2．メール本文に書かれたURLをクリックさせ、偽装サイトへ誘導する。
3．偽装サイトでアンケートなどのフォームに個人情報を入力させる（釣り上げる）。

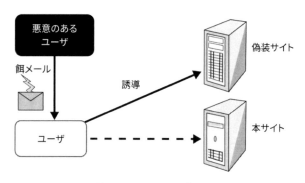

図4.1　フィッシング詐欺

　偽装サイトは、大手の銀行や有名なWebページをそっくりコピーして作られていて、一見して偽装サイトであることがわかりにくくなっています。デジタルデータはコピーが簡単ですので、Webページの複製も簡単に作れるということです。しかし、偽装サイトはURLが本物のページとは異なります。よって、重要な個人情報を入力する前にブラウザのURLを確認し、偽物に引っかからないようにしましょう。特に、電子メールに書かれているURLをクリックし、直接そのサイトを開くのは危険です。以前閲覧したことのあるサイトでブックマーク（お気に入り）に登録

してあるなら、そちらからアクセスしてください。

　また、ブラウザによってはフィッシングを検出できるものがあります。安全のために検出機能をオンに設定しておきましょう。

○コラム：犯罪の巧妙化

　フィッシングはもともと fishing（釣り）に基づいた造語です。メールを餌にして情報を釣りあげるということで、このように名前が付いています。さらにフィッシングを巧妙化した手口として、2005 年になってからファーミング (pharming) といわれる犯罪が出現しました。pharming は farming（農業）に基づく造語のようです。

　ファーミングはフィッシングと同じく偽装サイトへ自動的に誘導する手口です。ただし、フィッシングとは異なり餌となるメールを必要としません。代わりに「種」となる仕掛けをして「収穫」（情報収集）するため、ファーミングと呼ばれています。ファーミングを仕掛けられると、ブラウザ上で URL を正しく入力しても偽装サイトへ誘導されてしまいます。

　このような誘導を行うための「種」となる不正な仕掛けとして、DNS サーバに虚偽の情報を与えます（DNS ポイズニング）。ユーザが入力した URL に対して虚偽の IP アドレスを返すことにより、偽装サイトへ誘導するのです。ただし、そのためにはあらかじめウィルスなどでユーザ側のコンピュータの情報（hosts ファイル）を書き換えておく必要がありますので、日頃のウィルスチェックなどのセキュリティ対策である程度の被害を防ぐことができます。また、サーバ管理者側としては DNS ポイズニングをされないような対策が必要です。

　なお、現在はフィッシングの定義もさまざまで、ファーミングはステルス型のフィッシングである、すなわちフィッシングの一種であるという見方もあります。

4.2.3　個人情報保護法

　あなたを特定できる情報やプライバシーに関する情報が勝手にインターネット上で出回ったり、それを売買されたりしたら恐ろしいことですね。実際に、ノートパソコンやメディアの紛失・盗難、ファイル共有ソフトの暴露ウィルス感染などによる個人情報の流出事件が多発しています。

　情報はコンピュータのハードディスク（固定ディスク）や CD、DVD、USB メモリといったリムーバブルメディア (removable media) 等に保存されます。直接は目に見えませんが、メディアの容量は大きくなり、非常に多くの情報を記憶できます。反面、小型化したメディアの紛失や盗難から情報流出の可能性も増しています。また、ウィルス対策が不十分な機器でファイル共有ソフトを使ったことによる情報流出が起こっています（5.2.2項参照）。

　このような状況下で、個人情報を取り扱う事業者の管理責任を明示し、情報収集や利用範囲などのガイドラインを設けたのが「個人情報の保護に関する法律」、いわゆる「個人情報保護法」です。この法律は2003年5月に制定され、2005年4月から施行されています。さらに、2015年9月に改正され、改正法が2017年から施行されています。

　しかし、事業者の責任以前に、自分自身の個人情報が流出被害に遭わないよう以下の点に気をつけましょう。

・不審な電子メールや携帯電話のワン切りなどには一切応じない。
　応じるとかえって個人情報やそのヒントを相手に渡すことになります。

・共用パソコンで個人情報を入力しない。

キーロガーなどの不正プログラムから情報が漏えいする危険がありますので、インターネットカフェやビジネスホテル等の共用パソコンではパスワードや暗証番号の入力は避けてください。

・個人情報をWebページに掲載しない。
　自分が管理しているブログや他の掲示板などにむやみに個人情報を掲載するのは危険です。誰がどんな目的で見ているかわからないという意識を持ちましょう。

・USBメモリやCDなどのリムーバブルメディアの置き忘れや盗難に注意する。
　大切な情報を紛失したり、盗まれたりしないよう気をつけましょう。また、そもそも重要な機密をリムーバブルメディアに保存して持ち歩かない方が賢明です。

　「個人情報の保護に関する法律」の基本法制は図4.2のように、全7章（88条）からなります。この法律は民間の事業者や私立大学と国の行政機関や国公立大学とで適用範囲が異なります。
　第1章から第3章は民間部門・公的部門共通の基本理念等です。第4章から第6章が個人情報取扱事業者の義務等で、民間部門に適用されます。公的部門（行政機関、独立行政法人、地方公共団体）については個別に法律が設けられています。

個人情報の保護に関する法律（基本法制）			
○基本理念等 第1章：総則（第1条－第3条） 第2章：国及び地方公共団体の責務・施策（第4条－第6条） 第3章：個人情報の保護に関する施策等（第7条－第14条）			
○個人情報取扱事業者の義務等 第4章：個人情報取扱事業者の義務等 　　　　（第15条－第58条） 第5章：個人情報保護委員会 　　　　（第59条－第74条） 第6章：雑則 　　　　（第75条－第81条） 第7章：罰則 　　　　（第82条－第88条）	○行政機関の保有する個人情報の保護に関する法律	○独立行政法人等の保有する個人情報の保護に関する法律	○地方公共団体等による個人情報保護条例
主務大臣制 各事業分野別ガイドライン	国の行政機関	独立行政法人等	地方公共団体等
民間部門	公的部門		

図4.2　個人情報保護法（基本法制）の概略

　ここで、個人情報とは「生存している個人に関する情報」であり、「特定の個人を識別できる情報」のことです。つまり、氏名、顔写真や住所、電話番号、メールアドレスを含む連絡先などはすべて個人情報ということができます。その他、個人情報の保護に関する法律では、図4.3のような用語が定義されています。

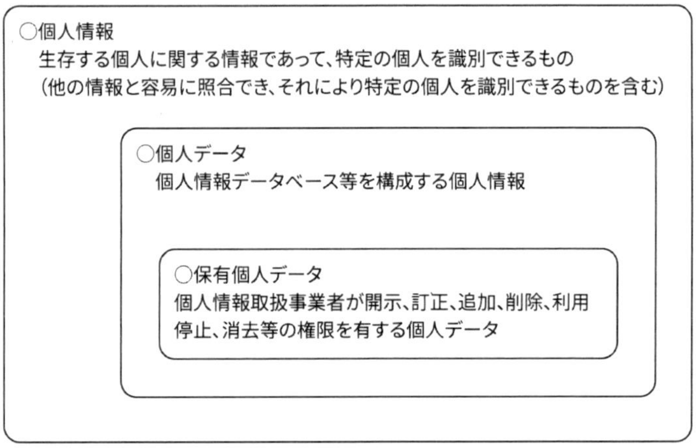

図4.3　個人情報保護法で定義される用語

　また、2017年の改正法により、保護対象となる個人情報の定義がより明確化され、次の情報が定められました（第2条）。

・個人情報

　　生存する個人の氏名、生年月日などの特定の個人を識別できるもの

・個人識別符号

　　特定の個人の身体の一部の特徴をデジタル化した情報、および個人に固有の符号（旅券番号、免許証番号、マイナンバー等）

・要配慮個人情報

　　人種、心情、社会的身分、病歴、犯罪の履歴などのセンシティブ情報

4.2.4　個人情報の扱いに関する義務

　個人情報の取扱事業者には、情報収集の方法やその後の管理、本人への対応等についての義務があります。まず、個人情報を収集する前に利用目的を特定し、収集する際には目的を本人に対して明示します。目的に合わない情報をむやみに収集すべきではありません。集めた情報は漏えいや消失などが起きないよう、正確かつ安全に保管する義務が生じます。さらに、本人からの開示や訂正などの要求にも応じる必要があります。

　例えば、アンケートでいくつかの設問を作成する場合、本名、年齢、性別、住所、メールアドレスなど本当に記入が必要なのか、任意でもよいのかを、目的と照らし合わせて考えます。また、回答者本人に対して、「このアンケートは○○のためにのみ利用し、目的外には一切利用しません。」というような但し書きを明示するべきです。

　収集した情報やそれをもとに作成したデータベースは、不正アクセスやウィルス対策を十分に施し、安全に保管します。また、自分がアンケートに回答する側である場合は、目的や収集の手段が適切かや、連絡先や開示請求時の対応などについて注意しつつ情報を提供しましょう。パソ

コンや携帯端末のWebサイトで自分の情報を安易に入力すべきではありません。
　個人情報の保護に関する法律で定められている収集、保管、開示・訂正についての義務や手順を以下に示します。

①個人情報の収集時の義務（第15～18条）
　個人情報を収集する場合、利用目的や範囲を明示し、正当な手段で取得する。
・利用目的を特定する。
・利用目的を本人に通知または公表する。
・情報は適正な手段で取得する。不正手段によって取得してはならない。
・本人の許可なく目的の範囲を超えて利用することはできない（ただし、人命や財産の保護、公務の遂行に支障を及ぼす場合は適用外）。

②正確性・安全性の確保（第19～22条）
　保有している個人情報を「正確」かつ「最新」に保つことと、安全性確保のためのセキュリティ対策を講じる。
・利用目的の達成に必要な範囲内において、個人データを正確かつ最新の内容に保つ。
・安全管理措置（個人データの漏えい、滅失又はき損の防止等）
・従業者と委託先の監督

③個人情報の開示や訂正義務（第27～32条）
　保有個人データは本人の知り得る状態に置き、以下の請求に応じる。
・開示請求
・訂正・追加・削除についての請求（保有個人データが事実でないという理由による場合）
・利用停止等についての請求（不適切な取得や利用・提供が行われているという理由が認められる場合）

　現在、多くの企業・団体が個人情報を扱う立場にあります。そこで仕事をするにあたっては、まず個人情報の扱いに関するさまざまな責任と義務を理解しましょう。また、その団体の扱う個人情報について「プライバシーポリシー」を確認し、内部で熟知する必要があります。
　なお、5,000人分以下の個人情報を扱う事業者は、法律の対象外でしたが、2015年の改正によって個人情報保護法が適用されるようになりました。

4.2.5　個人情報保護法の改正点
　2015年の法改正のポイントを以下に示します。

・名簿屋対策
　個人情報の取得時に、本人に利用目的を明示する必要があります。その上で、収集した個人情報を第三者に提供する場合は、本人から同意を得る必要があります（第23条）。本人の同意を

得ないで個人情報を提供できる特例（オプトアウト）は、個人情報保護委員会への届出が必要となります。

また、外国にいる第三者へ個人情報を提供する場合についての制限と規定が新設されました（第24条）。

・個人情報の有用性の確保

　匿名加工情報、すなわち、「個人を識別できないように加工された個人情報」の利用規定が定められました（第36〜39条）。

・個人情報保護委員会

　個人情報保護委員会が設置されました。この委員会に、個人情報取扱事業者に対する監督権限が一元化されます（第5章：第59〜74条）。

●個人情報の保護に関する法律（抜粋）

（利用目的の特定）

第15条　個人情報取扱事業者は、個人情報を取り扱うに当たっては、その利用の目的（以下「利用目的」という。）をできる限り特定しなければならない。

2　個人情報取扱事業者は、利用目的を変更する場合には、変更前の利用目的と相当の関連性を有すると合理的に認められる範囲を超えて行ってはならない。

　　−以下略−

（適正な取得）

第17条　個人情報取扱事業者は、偽りその他不正の手段により個人情報を取得してはならない。

（取得に際しての利用目的の通知等）

第18条　個人情報取扱事業者は、個人情報を取得した場合は、あらかじめその利用目的を公表している場合を除き、速やかに、その利用目的を、本人に通知し、又は公表しなければならない。

　　−以下略−

（データ内容の正確性の確保）

第19条　個人情報取扱事業者は、利用目的の達成に必要な範囲内において、個人データを正確かつ最新の内容に保つとともに、利用する必要がなくなったときは、当該個人データを遅滞なく消去するよう努めなければならない。

（安全管理措置）

第20条　個人情報取扱事業者は、その取り扱う個人データの漏えい、滅失又はき損の防止その他の個人データの安全管理のために必要かつ適切な措置を講じなければならない。

（従業者の監督）

第21条　個人情報取扱事業者は、その従業者に個人データを取り扱わせるに当たっては、当該個人データの安全管理が図られるよう、当該従業者に対する必要かつ適切な監督を行わなければならない。

（委託先の監督）

第22条　個人情報取扱事業者は、個人データの取扱いの全部又は一部を委託する場合は、その取

扱いを委託された個人データの安全管理が図られるよう、委託を受けた者に対する必要かつ適切な監督を行わなければならない。

（保有個人データに関する事項の公表等）

第27条　個人情報取扱事業者は、保有個人データに関し、次に掲げる事項について、本人の知り得る状態（本人の求めに応じて遅滞なく回答する場合を含む。）に置かなければならない。

1　当該個人情報取扱事業者の氏名又は名称

2　すべての保有個人データの利用目的(第18条第四項第一号から第三号までに該当する場合を除く。)

　　－以下略－

（開示）

第28条　本人は、個人情報取扱事業者に対し、当該本人が識別される保有個人データの開示を請求することができる。

2　個人情報取扱事業者は、前項の規定による請求を受けたときは、本人に対し、政令で定める方法により、遅滞なく、当該保有個人データを開示しなければならない。

　　－以下略－

（訂正等）

第29条　本人は、個人情報取扱事業者に対し、当該本人が識別される保有個人データの内容が事実でないときは、当該保有個人データの内容の訂正、追加又は削除（以下この条において「訂正等」という。）を請求することができる。

2　個人情報取扱事業者は、前項の規定による請求を受けた場合には、その内容の訂正等に関して他の法令の規定により特別の手続が定められている場合を除き、利用目的の達成に必要な範囲内において、遅滞なく必要な調査を行い、その結果に基づき、当該保有個人データの内容の訂正等を行わなければならない。

　　－以下略－

（利用停止等）

第30条　本人は、個人情報取扱事業者に対し、当該本人が識別される保有個人データが第16条の規定に違反して取り扱われているとき又は第17条の規定に違反して取得されたものであるときは、当該保有個人データの利用の停止又は消去（以下この条において「利用停止等」という。）を請求することができる。

2　個人情報取扱事業者は、前項の規定による請求を受けた場合であって、その請求に理由があることが判明したときは、違反を是正するために必要な限度で、遅滞なく、当該保有個人データの利用停止等を行わなければならない。ただし、当該保有個人データの利用停止等に多額の費用を要する場合その他の利用停止等を行うことが困難な場合であって、本人の権利利益を保護するため必要なこれに代わるべき措置をとるときは、この限りでない。

○**情報漏えいに対する心構えと対策**

・個人情報の扱いについて組織内のルールを策定する。

・パソコンやメディアの盗難に注意し、できる限り部署内から持ち出さない。

・業務に関係ないアプリはインストールしない。
・個人情報取扱事業者の収集した個人情報を厳重に管理する。
・個人情報は収集時に利用目的を明示し、正当な手段で取得しなければならない。
・個人情報、個人識別符号、要配慮個人情報の定義を確認し、取扱に注意する。

アクティブラーニング
　次の課題について、調べて発表してみよう。

課題4.2.1　個人や組織から情報が不正に流出する原因を挙げ、それぞれに応じた対策を示しなさい。

課題4.2.2　Webサイトや電子メールなどを使った不正な情報収集について、犯罪の手口や具体的な被害の事例を調べなさい。

課題4.2.3　スミッシング、ビッシングとはどのような犯罪の手口か調べなさい。

課題4.2.4　個人情報保護法の改正（2017年以降の改正）について調べなさい。

課題4.2.5　クロスサイトスクリプティングとはどのような手口か調べなさい。

課題4.2.6　OECD8原則と個人情報保護法の関係性について調べなさい。

課題4.2.7　銀行にそっくりのフィッシングサイトを開設して他人の個人情報を詐取した場合、どのような罰則が適用されるか。具体的に調べなさい。

4.3　知的財産権の侵害

　他人が作った創作物を利用するときには、知的財産権に対する配慮が必要です。著作権などを侵害していないか、常に注意し、違法行為とならないようにしましょう。

4.3.1　デジタルデータのコピー

　コンピュータで扱われるのは全てデジタルデータです。文書、写真、動画などを含む全てのデジタルデータは、ファイルという単位で扱われます。ファイルはハードディスク、CD-ROMなどのさまざまなメディアに記録されます。デジタルデータは簡単に複製を作ることができるのが特徴です。例えばデジカメからCDへ、ハードディスクからUSBメモリへなど簡単にコピーできます。また、コピーしたデータをネットワーク上で公開することも可能です。
　しかし、コピーできるからといって、むやみにデータを公開（Webページで配信）してはいけません。他の人が作ったデータには、全て「著作権」(copyright)があります。売り物であるなしにかかわらず、他人の作成したものを勝手にコピーして公開したり配布したりしてはいけません。

例外として、著作権フリーのものがあります。ただし、著作権がないのではなく、あくまでも利用者に複製や配布を認めているのであって、著作者の権利は尊重しなければなりません。フリーウェア (freeware) と呼ばれるプログラムやデータ（Webページ用の素材集など）も同様で、使用する際には使用許諾を参照しましょう。また、コピーする前には著作権フリーであるかどうかをよく確かめましょう。

4.3.2　Webサイトと著作権法

インターネット上ではデジタルデータが配信されています。Webサイトからファイルをダウンロードして活用することも可能です。また、自分でWebページを作成して閲覧可能状態にしたり、そこから他者の作ったWebページへリンクしたりすることもできます。

しかし、一方でこのように配信されるデータには著作権があることを忘れてはなりません。テレビの番組を録画してYouTubeのような動画サービスにアップロードしてもよいでしょうか。不特定多数が閲覧可能な状態にする場合は、公衆送信権などの法律を遵守する必要があります。十分な確認なしにコピーしたり、許諾なしに閲覧可能な状態にしたりすると違法行為となることがあります。

○コラム：ファイル共有ソフト

「ファイル共有ソフト」(file sharing software) とは、複数のユーザ同士がファイルを共有するためのソフトウェアです。複製禁止のソフトをこのようなソフトウェアで共有することは違法になります。以前は「ファイル交換ソフト」(file exchange software) というファイルとファイルを交換するためのソフトウェアが出回りました。ユーザ同士の条件を満足した時点でファイルを交換するというもので、有名なものに WinMX があります。

それに対してファイル共有ソフトは、交換でなく共有ですのでこのような条件は必要なく、各ユーザが自分の欲しいファイルを入手することができます。ファイル共有ソフトとしてよく知られるものに Winny（ウィニー）があります。Winny をインストールしたユーザ同士で無制限にファイルの共有が起こり、著作権の侵害が横行しました。2005 年には作者が逮捕され大きく報じられましたが（2011 年に無罪が確定しました）、このようなソフトウェアを開発することより、著作権を侵害するような使い方こそ問題といえるでしょう。

なお、共有させることを目的にサーバやパソコン上にファイルを置くことも著作権（公衆送信権）に抵触します。最近ではあまりファイル共有ソフトは聞かれなくなりましたが、著作権の侵害以外にウィルスに感染したファイルが入り込む危険もあります。よって、自分のパソコンにこのようなソフトをインストールしないようにしましょう。

4.3.3　知的財産権

デジタルデータに限らず、知的な創作活動により何かを創作した人に対しては知的財産権が与えられます。この権利により、自分の創作物を他人に無断で利用されないよう保護されています。知的財産権は表4.1のように分類されます。

表4.1　知的財産権

権利			保護対象
知的財産権	著作権	著作者の権利	著作物（創作時から著作者の死後 70 年）
		著作隣接権	実演等（実演等を行った時から 70 年）
	産業財産権	特許権	発明（出願日から 20 年）
		実用新案権	考案（出願日から 10 年）
		意匠権	物品のデザイン（登録日から 20 年）
		商標権	マーク等の営業標識（登録日から 10 年、更新可）

■著作権とは

　著作権は、著作物を保護対象とする権利です。著作物が創られた時点で自動的に発生し、著作者の死後70年保護されます（保護期間は死後50年でしたが、2018年に改正著作権法により延長されました）。

　著作権法第2条で、「著作物」とは「思想又は感情を創作的に表現したものであつて、文芸、学術、美術又は音楽の範囲に属するもの」、「著作者」は「著作物を創作する人」と定義されます。

●著作権法（抜粋：目的、定義）

（目的）

第1条　この法律は、著作物並びに実演、レコード、放送及び有線放送に関し著作者の権利及びこれに隣接する権利を定め、これらの文化的所産の公正な利用に留意しつつ、著作者等の権利の保護を図り、もつて文化の発展に寄与することを目的とする。

（定義）

第2条　この法律において、次の各号に掲げる用語の意義は、当該各号に定めるところによる。

一　著作物　思想又は感情を創作的に表現したものであつて、文芸、学術、美術又は音楽の範囲に属するものをいう。

二　著作者　著作物を創作する者をいう。

三　実演　著作物を、演劇的に演じ、舞い、演奏し、歌い、口演し、朗詠し、又はその他の方法により演ずること（これらに類する行為で、著作物を演じないが芸能的な性質を有するものを含む。）をいう。

四　実演家　俳優、舞踊家、演奏家、歌手その他実演を行う者及び実演を指揮し、又は演出する者をいう。

　－以下略－

■著作者の権利

　著作者の権利には著作者人格権と著作権（財産権）があります。著作者人格権は著作者の人格的利益を保護する権利で、公表権、氏名表示権、同一性保持権からなります。著作権（財産権）は著作物の利用を許諾または禁止する権利で、複製権や上演権、譲渡権などがあります（表4.2）。

　Webページやその中に貼り付けられた画像、文章などはすべて著作物にあたり、それらを制作した人は著作者となります。よってこれらを無断で自分のWebページに貼り付けて配信したり、許可なく他人に配布したりすれば、著作権の侵害となります。

表4.2　著作者の権利

著作者の権利	著作者人格権	公表権、氏名表示権、同一性保持権
	著作権（財産権）	複製権
		上演・演奏権、上映権、公衆送信権、公の伝達権、口述権、展示権
		譲渡権、貸与権、頒布権
		二次的著作物の創作権および利用権

　例外として、「引用」があります。論文・論評や紹介など他者の文章やデータを引用する場合、目的上正当な部分に限って、許諾なしでも掲載が認められます（第32条）。また、教科書等への掲載についても同様です（第33条）。ただし、引用箇所と原文の出所を明示する必要があります（第48条）。Webページなどで著作物を引用する場合は次のことに気をつけましょう。

・引用する必然性がある。
・自分の著作物と引用部分とが区別されている。
・自分の著作物が主体である。
・出所が明示されている。

●著作権法（抜粋：引用、教科用図書等への掲載、出所の明示）
（引用）
第32条　公表された著作物は、引用して利用することができる。この場合において、その引用は、公正な慣行に合致するものであり、かつ、報道、批評、研究その他の引用の目的上正当な範囲内で行なわれるものでなければならない。
（教科用図書等への掲載）
第33条　公表された著作物は、学校教育の目的上必要と認められる限度において、教科用図書（小学校、中学校、高等学校又は中等教育学校その他これらに準ずる学校における教育の用に供される児童用又は生徒用の図書であつて、文部科学大臣の検定を経たもの又は文部科学省が著作の名義を有するものをいう。次条において同じ。）に掲載することができる。
　－以下略－
（出所の明示）
第48条　次の各号に掲げる場合には、当該各号に規定する著作物の出所を、その複製又は利用の態様に応じ合理的と認められる方法及び程度により、明示しなければならない。
1. 第32条、第33条第1項（－中略－）の規定により著作物を複製する場合
　－以下略－

4.3.4　データの複製

　デジタルデータは複製が簡単にできます。私的な使用目的に範囲を限定すれば、著作物を複製しても侵害にはなりませんが（第30条）、2012年に改正著作権法が可決され、違法にアップロードされた動画や音楽などを「違法と知りながらダウンロードする行為」は処罰対象となりました。さらに2020年にも著作権法が改正され、漫画についても海賊版と知りながらダウンロードする行為は違法となりました。その他、DVDのリッピング（違法コピーから保護するための暗号を

解除して複製する行為）も違法です。

　学校の授業や試験問題作成、図書館の資料保管等では、複製が認められるケースがあります。ただし、私的な目的や学校の授業における使用でも例外がありますので、複製する前に確認してください（第35条）。

●著作権法（抜粋：私的使用および教育機関における複製）

（私的使用のための複製）

第30条　著作権の目的となつている著作物（以下この款において単に「著作物」という。）は、個人的に又は家庭内その他これに準ずる限られた範囲内において使用すること（以下「私的使用」という。）を目的とするときは、次に掲げる場合を除き、その使用する者が複製することができる。

一　公衆の使用に供することを目的として設置されている自動複製機器（複製の機能を有し、これに関する装置の全部又は主要な部分が自動化されている機器をいう。）を用いて複製する場合

二　技術的保護手段の回避（第2条第一項第二十号に規定する信号の除去若しくは改変（記録又は送信の方式の変換に伴う技術的な制約による除去又は改変を除く。）を行うこと又は同号に規定する特定の変換を必要とするよう変換された著作物、実演、レコード若しくは放送若しくは有線放送に係る音若しくは影像の復元（著作権等を有する者の意思に基づいて行われるものを除く。）を行うことにより、当該技術的保護手段によつて防止される行為を可能とし、又は当該技術的保護手段によつて抑止される行為の結果に障害を生じないようにすることをいう。第120条の二第一号及び第二号において同じ。）により可能となり、又はその結果に障害が生じないようになつた複製を、その事実を知りながら行う場合

三　著作権を侵害する自動公衆送信（国外で行われる自動公衆送信であつて、国内で行われたとしたならば著作権の侵害となるべきものを含む。）を受信して行うデジタル方式の録音又は録画を、その事実を知りながら行う場合

　－以下略－

（学校その他の教育機関における複製等）

第35条　学校その他の教育機関（営利を目的として設置されているものを除く。）において教育を担任する者及び授業を受ける者は、その授業の過程における使用に供することを目的とする場合には、必要と認められる限度において、公表された著作物を複製することができる。ただし、当該著作物の種類及び用途並びにその複製の部数及び態様に照らし著作権者の利益を不当に害することとなる場合は、この限りでない。

　－以下略－

4.3.5　著作物の送信

　著作権の中には、放送や送信に関する権利を定めた「公衆送信権」や「著作隣接権」があります。これらはWebページに著作物を貼り付ける場合に重要な法律です。

■公衆送信権

　公衆送信権は著作権（財産権）の一つで、著作者自身が公衆に対して著作物を送信する権利を

保護します。「公衆送信」とは有線もしくは無線で公衆による同時受信を目的とした送信を指します。インターネットが普及する以前は、テレビやラジオなど放送局から一斉に送信する場合が主体でした。しかし現在では、Webサーバにユーザからのリクエストがあるとコンテンツを配信するという場合も、公衆送信に含まれています。

　つまり、他人の著作物について上記の送信を行うためには、著作者の承諾が必要となります。著作隣接権者である放送事業者・有線放送事業者等は公衆送信権を持っています。しかし、許諾なしに一般のユーザがサーバ上に著作物をおいて公開したり、ファイル共有ソフトで共有可能状態に置いたりすると、公衆送信権を侵害することになります。

　2020年、新型コロナウィルスの影響で、オンライン授業を目的とする公衆送信保証金制度が前倒しで施行されました。教育機関における同時配信のオンライン授業のためであれば、一定の条件下で著作権者の許諾なしに著作物の送信が可能になります。ただし、教育機関が著作権者に対し補償金を納めることが条件です。2020年度のみ例外で無償となりましたが、2021年度以降は各分野の指定管理団体に一括して補償金を納める必要があります。

●著作権法（抜粋：公衆送信権）
（公衆送信権等）
第23条　著作者は、その著作物について、公衆送信（自動公衆送信の場合にあつては、送信可能化を含む。）を行う権利を専有する。
　－以下略－

■著作隣接権
　著作権法によって、著作物を公衆に伝達するために重要な役割を果たしている実演家、レコード製作者、放送事業者などの権利を保護する目的で制定されています。ここで実演家とは、俳優・声優、舞踏家、歌手、ミュージシャン、指揮者などです。著作隣接権に含まれるのは以下の権利です。

・録音権および録画権（第91条）
・放送権および有線放送権（第92条）
・送信可能化権（第92条の2）
・商業用レコードの二次使用料（第95条）
・譲渡権（第95条の2）
・貸与権等（第95条の3）

　上記の中で、インターネットの普及に伴い「送信可能化権」が1998年に改正されました。「実演」の映像などをサーバに蓄積して送信可能状態にする場合、実演家に許諾を得なければならないという内容です（実演家以外にも放送事業者や有線放送事業者の権利も保護されます）。

　また、Webページに著作物を貼り付けブラウザ等で閲覧可能にした状態は、不特定多数に送信をしているのと同じことです。よって、無断で著作物をWebページに掲載すると著作隣接権の侵害となります。

●著作権法（抜粋：送信可能化権）

（送信可能化権）

第92条の2　実演家は、その実演を送信可能化する権利を専有する。

　－以下略－

○知的財産権に関する心構えと対策

・著作権は著作物に対して自動的に発生する。許諾なしに他人の著作物を使用できない。

・デジタルデータを複製する場合、著作権侵害とならないように目的と条件を確認してから行う。

・レポートや論文に他社の著作物を引用する場合は出所を明示し、引用のルールの範囲で使用する。

・違法ダウンロードやリッピングは処罰対象となるので、Web上のコンテンツやDVDをコピーする場合は十分に注意する。

・Webページでの著作物利用の際には、公衆送信権と著作隣接権に留意する。

アクティブラーニング

　次の課題について、調べて発表してみよう。

課題4.3.1　著作権侵害の事例（海賊版サイト）を具体的に挙げ、被害や裁判について調べなさい。

課題4.3.2　オンライン授業を目的とした公衆送信補償金制度について調べなさい。

課題4.3.3　違法ダウンロード法について改正点を調べなさい。また、リッピングに関する刑罰についても調べなさい。

課題4.3.4　ファイル共有ソフトWinnyの裁判について、経過を詳しく調べなさい。

課題4.3.5　漫画をダウンロードできる海賊版サイトから自分のパソコンに漫画のファイルをダウンロードすると、どのような法律が適用されるか調べなさい。また、レンタルショップで借りたDVDをコピーすると、どのような罰則が適用されるか調べなさい。

第**3**部

情報セキュリティ

本書の最後に、コンピュータウィルスと情報セキュリティについて取り上げます。重要なデータや個人情報が壊されたり盗まれたりしないように、攻撃の手口を知り、対策を講じましょう。

第5章　コンピュータウィルスと感染対策

　インターネットが地球規模に広がると同時に、ネットワークを介したコンピュータウィルスが急激に増加してきました。感染範囲に国境はなく、非常に短い時間で世界中に影響を及ぼします。データを破壊されたり、個人情報を盗まれたり、パソコンを遠隔操作されたりと、企業や個人のコンピュータでさまざまな被害が出ており、プロバイダでもウィルスチェックなどのサービスを始め、警戒を呼びかけています。この章では、コンピュータウィルスについての知識と、感染を予防するための対策について学びましょう。

5.1　有害なプログラム

　コンピュータにはさまざまなソフトウェアがインストールされています。ワープロや表計算といったアプリケーションの他に、OSというシステム全体の土台になるソフトもあります。これは、コンピュータの電源を入れると初めに起動され、その後もバックグラウンド (background) で作動しています。いずれもユーザにとって有益で、かつ重要なプログラムです。

　一方で、悪意をもって作られ、配布され、広められる有害なプログラムも存在します。これを「マルウェア」 (mal-ware) といいます。malは「悪い」、「悪く」といった意味をもつ接頭語です。マルウェアはデータの盗用、破壊、情報収集などの目的で広められる有害プログラムの総称で、感染経路や機能により以下のように大別されます。

①コンピュータウィルス (computer virus)
②ワーム (worm)
③トロイの木馬 (trojan horse)
④スパイウェア (spyware)・アドウェア (adware)

5.1.1　コンピュータウィルス

　コンピュータウィルスは有害プログラムの一つです。ユーザが気づかぬ間に勝手にコンピュータへ忍び込んで、何か悪さをしたり、自己をさらに増殖させて広めたりする働きをします。

■コンピュータウィルスの定義
　コンピュータウィルスとは、以下の機能のうち少なくとも1つをもつ有害プログラムです。

・感染機能
　プログラム自身が自己増殖機能をもち、他のファイルへ次々と自分の複製をコピーし、感染を繰り返す。ハードディスクやフロッピーディスク内のプログラムやデータ、マスターブートレコードというシステム領域に寄生するものがある。

・潜伏機能
　感染してからある条件を満たすまで活動せず、プログラムを潜伏させておく。潜伏期間の後に

コンピュータウィルスの活動が開始される。条件とは、特定の日付や一定の期間、もしくはコンピュータの起動回数などがある。

・発病機能

コンピュータウィルスが目的とする有害な活動を行う。音楽を流しながら画面上の文字を落下させたり、データやプログラムを消去、破壊したりするものがある。また、現代では電子メールを自動送信する機能をもつものも多い。

つまり、コンピュータウィルスとはプログラムやデータファイルの一部として寄生しながら感染し、潜伏期間の後、発病するプログラムです。感染、潜伏、発病という3段階を踏むので、人体に悪影響を及ぼすウィルスと同じような呼ばれ方をします。

パソコンが一般に普及し始めた1980年代に、初めてコンピュータウィルスが発見されました。感染の媒体はフロッピーディスクで、当時はコンピュータウィルスといえばこの種類のものを指しました。しかし、「亜種」（もとのウィルスを少し改変したもの）や、潜伏期間がないもの、発病しないものなど種類が多くなり、コンピュータウィルスについて再定義が必要になってきました。

現代ではネットワークが感染媒体となりますので、当時よりも被害の規模がいっそう大きくなっています。電子メールの添付ファイルやファイルのダウンロードで感染したり、中にはWebページをブラウザで閲覧しただけで感染したりするものもあります。

■コンピュータウィルスの分類

コンピュータウィルスの種類は感染先（寄生先）や感染元により以下の4種類に分類できます。

①ファイル感染型

主に.EXEや.COMという拡張子の付いた実行形式のファイルに寄生する。ファイルの一部を書き換えてメモリに常駐し、ある条件で活動を開始する。

②ブートセクタ感染型

ハードディスクのシステム領域（MBR：マスターブートレコード）に感染する。

③マクロ感染型

MS-WordやMS-Excelなどのマクロ機能を悪用したウィルスのこと。

④Webページ感染型

Webページを閲覧しただけで感染するタイプのウィルスのこと。

5.1.2　ワーム

ワーム(worm)とは英語で芋虫のような幼虫のことです。ネットワーク上を這い回るという意味でこのような名前が付けられました。ワームの定義は以下の通りです。

・有害プログラムである。

・自己増殖機能をもつ。

・他のファイルやブートセクタなどに感染（寄生）しない。

　有害プログラムである点はコンピュータウィルスと同じですが、他のファイルへ寄生せず、それ単独のファイルで増殖するという点で区別されます。電子メールの添付ファイルとして自己増殖し、大規模な被害が出ています。ワームはスクリプト言語やマクロなどで作成されるものが多く、比較的容易に作成が可能です。1つのワームを退治してもまた亜種が出現するため、沈静化されるまでに時間を要します。

5.1.3　トロイの木馬

　一般のソフトウェアに見せかけ、悪意のある仕掛けが組み込まれたプログラムを「トロイの木馬型ウィルス」(trojan horse)といいます。

　名前の由来はホメロスの叙事詩『イーリアス』に出てくるトロイ軍とギリシャ軍の戦いです。トロイ軍の屈強な城壁を打ち破るため、ギリシャ軍は巨大な木馬を置いていきます。トロイ軍が木馬を場内に持ち込んだ途端、中からギリシャ軍兵士が飛び出し、不意をついてトロイ軍を滅ぼすという物語です。このことから、一見すると無害に思えるものが、中に入れた途端に悪さをするという意味で名づけられました。

　前述のウィルスやワームと異なり、トロイの木馬自身が寄生して自己増殖することはありません。しかし、トロイの木馬の内部に隠されていたウィルスやワームが破壊活動を行う場合があります。種類によっては遠隔操作が可能な機能を忍ばせ、コンピュータを外部から乗っ取るものもあります。2013年には、パソコンを遠隔操作しそのパソコンのユーザになりすまして犯行予告を書き込むという「PC遠隔操作事件」が起こりました（2014年に犯人は逮捕されています）。

■DDoS攻撃

　標的となるサーバに対して大量のパケットを送信してサービスを停止させる攻撃をDoS攻撃(Denial of Service Attack)といいます。日本語で「サービス停止攻撃」や「サービス拒否攻撃」とも呼ばれます。

　さらに、分散した大量のコンピュータからDoS攻撃を仕掛けることをDDoS攻撃(Distributed Denial of Service Attack)といいます。ここでいう大量のコンピュータとは、トロイの木馬が感染したコンピュータのことです。感染するとユーザが気づかぬうちにDDoS攻撃に参加させられることになります。2000年にYahoo!やAmazon.comなどのWebサーバがDDoS攻撃の的となり被害に遭いました。

　DDoS攻撃の防ぐためにはトロイの木馬に感染しないよう、ユーザのコンピュータでウィルスチェックをして注意する必要があります。

■ボット (bot)

　2004年以降、トロイの木馬に感染したコンピュータをコントロールすることによって悪用す

ることを目的とする「ボット」というマルウェアが出現しました。ボットは「ロボット」(robot)の略で、組み込まれたコンピュータは、文字通り指令を受けて操られるロボットとして動作するということです。ソースコードが公開されているため改変された亜種も多く、大量のメールを送信したり、情報を盗み出すスパイ活動を行ったりする種類があります。

　複数のボットに感染したコンピュータ（ゾンビパソコンともいいます）が同時に操られ、前述のDDoS攻撃に利用されるという被害もあります。これを「ボットネット」といい、数千台という大規模のボットネットが実際に発見されています。

　ボットもマルウェアの一種ですので、通常のウィルス対策を怠らないようにし、加害者側のコンピュータとして悪用されないようにしましょう。

　コンピュータウィルス（狭義）、ワーム、トロイの木馬を、他のファイルへの寄生機能と自己増殖機能で分類すると表5.1のようにまとめることができます。

表5.1　マルウェアの機能別分類

	コンピュータウィルス	ワーム	トロイの木馬
寄生機能	寄生する	寄生しない	寄生しない
自己増殖機能	自己増殖する	自己増殖する	自己増殖しない

5.1.4　スパイウェア・アドウェア

　ユーザの個人情報を収集することを目的として、一般のアプリケーションと共に配布されるプログラムのことをスパイウェア(spyware)といいます。気づかれずにネットワークを介してスパイウェアの作成元に情報を送信することから、このように呼ばれます。

　アプリケーションのインストールを行うときに、スパイウェアも同時に組み込まれます。インストール時にライセンス等の確認事項などにまぎれて、利用に関する承諾画面が表示されるものもあります。承諾し、いったんソフトウェアが組み込まれると、スパイウェアはバックグラウンドで情報を盗み出します。ユーザがインストール時にその利用条件を承諾しているため、違法行為とはいえません。ほとんどのユーザは表示内容を確認せずにインストールを行うため、多くのユーザにスパイウェアが侵入しているといわれています。

　スパイウェアと似通った機能をもつものにアドウェア(adware)があります。これはユーザの画面上に特定の宣伝広告を表示させるためのプログラムで、企業のマーケティング／宣伝活動に使われる点でスパイウェアと区別されます。Webのアクセス履歴やユーザのコンピュータに関する情報を記録しの、アドウェアの作成元に送信します。収集した情報を元に、表示させる広告内容を設定する機能をもつものもあります。アドウェアもスパイウェアと同様に他のソフトウェアと共に配布され、インストールされます。組み込まれたソフトウェアが起動している間、アドウェアも活動します。

アクティブラーニング

　次の課題について、調べて発表してみよう。

課題5.1.1　コンピュータウィルスを感染先について分類し、それぞれの特徴を示すとともに、具体的なウィルス事例を調べなさい。

課題5.1.2　ボットネットとは何か。また、どのような被害をもたらすものか調べなさい。

課題5.1.3　EMOTETとはどのようなウィルスか説明しなさい。また、被害について調べなさい。

課題5.1.4　スタックスネット (Stuxnet) について調べなさい。

5.2　ウィルスによる被害の現状

　有害プログラムによる被害はIPA（情報処理推進機構）のような独立行政法人や、セキュリティソフトのメーカーなどが統計データをまとめています。この節では、IPAのまとめをもとに、被害の現状と事例を挙げていきます。

5.2.1　ウィルスの届出件数

　2000年以降、インターネットで感染する種類で非常に強力なウィルスが猛威をふるった結果、毎年10,000件以上もの届出がありました。特に2004年、2005年には50,000件以上の届出がありました。あくまでも届出の件数ですので、実際にウィルスをセキュリティソフトなどで検出した数はさらに多いと考えられます。2006年以降は電子メールを無差別に大量送信するタイプの「ばらまき型」ウィルスが少なくなったため、届出件数は徐々に減少しています。

　「ばらまき型」に対して、特定の個人を狙った「スピア型攻撃」（標的型攻撃）による被害があります。「スピア (spear)」とは「槍」のことです。職場の上司や仲間のメールアドレスを不正入手して、なりすましメールを送信します。メールにはウィルスやキーロガー (key logger) などのプログラムが添付されており、うっかり信用してファイルを開くと感染したり情報を盗まれたりします。スピア型攻撃には、なりすましメールにURLを記載して、クリックすると偽装サイトへ誘導するフィッシングタイプのものもあります。産業スパイのような黒幕がこのような手口を使うといわれています。

　また、5.1.3項で触れたように、コンピュータを乗っ取られるウィルスに感染すると、遠隔操作で別の攻撃を仕掛けたり、持ち主になりすまして犯行予告したりするなどの被害も発生します。2013年には「PC遠隔操作」事件が大きなニュースとなりました。

　ウィルスの届出件数は減少傾向にありますが、上記のように感染させる仕掛けが巧妙になっています。届出は一般法人からが大部分を占めており、その他は、教育機関、個人のユーザからです。

○コラム：マルウェアの名称

　マルウェアに付ける名称は、IPAやセキュリティソフトを開発するベンダーが付けています。一般的には以下のような形式です。

接頭語／固有名称．亜種番号

例）W32/Netsky（ネットスカイ）、VBS/LOVELETTER（ラブレター）、XM/Laroux（ラルー）

　接頭語はマルウェアの分類で、"W32"（Windows95以降のシステムに感染）、"VBS"（VBAスクリプトで記述）、"XM"

（MS-Excelのマクロで感染）などがあります。亜種の番号はA,B,C,……のようにアルファベットなどが使われます。

5.2.2　感染経路

　インターネットの普及によってウィルスの感染速度は非常に速くなりました。メールをはじめとして、さまざまな手口・経路で感染が短時間で拡がります。

■メールの添付ファイル

　ウィルスの感染経路は、ネットワークを経由するものがほとんどです。電子メールから感染する場合の多くは、添付ファイルを開く（クリックして実行する）とウィルスプログラムが活動して感染します。覚えのないメールに添付されたファイルは開かずに削除しましょう。

　ウィルスメールの添付ファイルはさまざまですが、ファイルの種類はWindowsの実行形式である.exeや.comが拡張子のものがほとんどです。Windowsはデフォルトでファイルの拡張子が表示されない設定になっていますが、添付ファイルの安全性を見極めるためにも、拡張子が表示されるように設定しましょう。例えば、Excel 2019ファイルの拡張子は"xlsx"です。「統計データ.xlsx」というファイルの場合、拡張子が表示されないと、単に「統計データ」とファイル名だけが表示されるので、このファイルが実は「統計データ.exe」というウィルスであっても気がつきにくくなります（アイコンも偽装されている場合があります）。

　Windows 10の場合、拡張子を表示するには、エクスプローラを起動し［表示］タブの［ファイル名拡張子］の項目をチェックします（図5.1）。

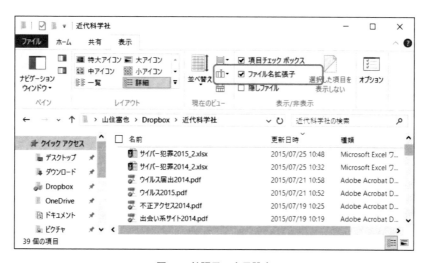

図5.1　拡張子の表示設定

　また、メールソフトのプレビュー機能でメールを表示した途端に感染するものもあります。それまで差出人不明の電子メールは添付ファイルを開かなければ感染しないということが一般常識でしたが、この種類のウィルスが出現したことにより、メールソフト自体を変更するユーザも増えました。

■偽のウィルス感染メッセージ

　メールで「あなたのコンピュータでウィルスが検出されました。すぐに修正ファイルをダウンロードし、インストールしてください。」というような偽の警告メッセージを送信し、画面に書かれたURLをクリックすると感染するというウィルスもあります。通常利用しているウィルス対策ソフトを最新状態に保っておけば、コンピュータは安全なはずです。よって、このようなメッセージは相手にせず無視しましょう。

　また、同じような警告メッセージがデスクトップに表示され、指示に従ってクリックするとウィルス対策ソフトを「押し売り」されるという被害もあります。これは、押し売りメッセージを表示し、誘導するウィルスに感染している可能性が高いので、信頼できるウィルス対策ソフトでウィルスを駆除するか、「システムの復元」や「初期化」を行う必要があります。

■セキュリティホール

　電子メール以外にWindowsシステムやアプリケーションソフトのセキュリティホール (security hall)、つまりセキュリティ上の弱点から侵入されて感染するものがあります。

　マイクロソフト社はWindowsの脆弱性が見つかると最新の修正プログラムをダウンロードするよう呼びかけています。この修正プログラムがインストールされていない状態でコンピュータを使用すると、ネットワークに接続しただけで感染します。一度感染するとWindowsのレジストリ (registry) というシステムの設定ファイルを書き換えられ、起動するたびにウィルスプログラムが実行されます。中にはバックドア（backdoor：裏口）を仕掛けられ、別の犯罪への踏み台として利用される場合もあります。

　2020年1月にはWindows 7のサポートが終了しました。このようなOSを使い続けると、セキュリティホールが見つかっても修正プログラムの配布が行われませんので危険です。どうしても利用したい場合は、ネットワークに接続しないようにしましょう。

　Windowsシステム以外にブラウザのセキュリティホールを狙って感染するタイプのウィルスもあります。Windows同様に使用しているブラウザの脆弱性が見つかった場合、最新の修正ファイルをインストールする必要があります。修正ファイルが配布されるまで、ある程度の時間を要しますので、このような事態に備えて、普段から別のブラウザをインストールしておくとよいでしょう。

■USBメモリに感染するウィルス

　情報を持ち運ぶための小型メディアとして、USBメモリがよく使われています。このメディアへの感染を狙ったウィルスが2008年に出現しました。

　USBメモリなどのリムーバブルメディアは、「自動実行」機能を設定されている場合があります。この機能を悪用し、接続した途端に不正ファイルが生成されて感染します。感染したUSBメモリを接続されたコンピュータが感染し、そこへ別のUSBメモリを接続するとさらに感染が拡大します。また、感染したコンピュータが気づかぬうちにWebサイトから不正なプログラムをダウンロードすることもあります。

　感染を防ぐには、USBメモリを接続した際の自動実行の設定をコントロールパネルで停止しておきます。以下は、Windows 10の［設定］アプリー［デバイス］－［自動再生］の画面です。

自動再生の項目で［すべてのメディアとデバイスで自動再生を使う］を「オフ」にします。または、リムーバブルドライブ、メモリカードともに［自動再生の既定の選択］を［毎回動作を確認する］に設定します（図5.2）。

図 5.2　メディア接続時の自動再生の設定(Windows 10)

5.2.3　携帯端末に感染するウィルス

　携帯端末もコンピュータと同様に、電子メールの送受信やブラウジングが可能です。また、コンピュータにおける Windows や UNIX などにあたる OS もさまざまなタイプのものが搭載されています。これまでは、受信すると電卓機能を何度も繰り返して使わせ停止したかのように見せる「フリーズメール」や、特定の番号に電話をかけさせる「強制発信メール」などの、いたずらや嫌がらせを目的としたメールがありました。これらはいったんバッテリーをはずしたり、受信を拒否したりすることで被害を食い止めることができる、比較的単純なものでした。

■世界初の携帯電話に感染するウィルス

　2004 年になり、世界で初めて携帯電話に感染するウィルス（ワーム）"Cabir" が出現し、ロシアのセキュリティ関連企業により報告されました。このウィルスは Symbian という OS を搭載している携帯電話に感染します。感染すると "Caribe" というメッセージを表示し、電話が起動されるたびにウィルスが呼び出されます。また、接続可能なデバイスを探し、自分のコピーを送信します。発病して具体的な被害が出るタイプではありませんが、日本でも Vodafone 702NK という機種にこのウィルスの感染が広がり、バッテリーが速くなくなるなどの報告もありました。

■スマートフォンの不正アプリ

　スマートフォンの OS はパソコンに搭載されているものと変わりありません。例えば、iPhone

のiOSはMacintoshにインストールされているOSが前身です。つまり、パソコン同様にウィルスには気をつける必要があります。通常のアプリに見せかけて個人情報を盗む不正アプリや、本物そっくりに作られた偽アプリなどがあり、個人情報の抜き取りが目的です。

　今後はさらに高度な種類のウィルスが出現し、大規模な被害が出る可能性があるため、携帯端末のセキュリティ対策が必要になります。Androidのスマートフォンについては、少なくとも次の対策をしましょう。

・セキュリティ対策ソフトをインストールする。
・アプリは正規のダウンロードサイト(Google Play)からダウンロードする（非正規サイトからは絶対にダウンロードしない）。
・OSは常に最新な状態にアップデートする（日頃からアップデートの情報に気を付け、こまめに行う）。

　また、iPhoneについてもアプリは正規サイトのAppStoreからダウンロードしてください。

アクティブラーニング
　次の課題について、調べて発表してみよう。

課題5.2.1　2000年から今年度までについて、ウィルスの届け出件数と、猛威を振るったウィルスの特徴などを調べなさい（IPAのサイト参照）。

課題5.2.2　スピア型攻撃（標的型攻撃）について、その手口を説明しなさい。また、具体的な被害の事例を調べなさい。

課題5.2.3　ガンブラーとはどのようなウィルスか説明しなさい。また、被害について具体的な事例を挙げなさい。

課題5.2.4　ボーガスウェアとはどのようなウィルスか説明しなさい。また、被害について具体的な事例を挙げなさい。

課題5.2.5　USBメモリに感染するウィルスの対策について調べなさい。

課題5.2.6　スマートフォンの不正アプリ、偽アプリについて具体例を挙げて説明しなさい。

課題5.2.7　「あなたのスマートフォンがウィルスに感染しています！すぐにセキュリティソフトをダウンロードしてください。」という偽の警告メッセージを表示するアプリを作成し、実際にソフトの代金を詐取すると、法律上どのような犯罪になるか調べなさい。

5.3　マルウェア対策

　有害なプログラムの報告件数は増加傾向にあり、種類も多様化してきました。しかし、コンピュータも携帯端末も欠かせない存在となった現在、被害を食い止めるための対策を講じながら利用することにより、安全に情報を活用できるはずです。

　対策には、各ユーザが個人のコンピュータで行うべきことと、学校や企業という組織全体で行うべきことがあります。

5.3.1　個人ユーザとしての対策

　個人のコンピュータの管理者は所有者自身です。「自分のコンピュータに限って」というような危機感のなさから注意を怠り、ウィルスなどの悪意のあるプログラムに感染することがあります。また、それがさらなる被害拡大の原因となりますので、ネットワーク社会における責任として、ウィルス対策は必要不可欠です。

　ウィルスの感染経路は大きく分けて以下の2通りです。

①メールの添付ファイルをむやみに開いて実行してしまう。
②OSやブラウザなどのセキュリティホールから侵入される。

■ウィルス対策ソフトの導入

　コンピュータをインターネットに接続する前に、まずウィルス対策ソフトをインストールしましょう。接続しただけで感染するタイプのウィルスがありますので、接続する前にインストールして感染を予防します。メールの添付ファイルやダウンロードを含む外部から持ち込んだファイルについては、実行したり開いたりする前に必ずウィルスチェックをしましょう。

　このようなセキュリティソフトは、外部からのファイルや電子メールに対して自動スキャンを行い、ウィルスなどの危険を検出すると削除します。また、内部の情報を持ち出そうとする不正な通信も検知して、通信を遮断します。

■ウィルス対策ソフトの更新

　ウィルス対策ソフトは、ソフトウェアの製造元が提供するパターンファイル (pattern file) と呼ばれるファイルと比較することでウィルスを検出しています。パターンファイルはウィルスの特徴を記録したもので、「ウィルス定義ファイル」(virus definition file) とも呼ばれます。

　日々新しいタイプのウィルスや亜種が出現していますので、パターンファイルは常に最新のものに更新しておく必要があります。コンピュータを起動したときに、まずパターンファイルを最新版にアップデート (update) してから作業に移ってください（多くのソフトでは、アップデート作業は自動的に行うように設定できます）。また、すでに侵入しているウィルスを検出するためにハードディスク全体をスキャンする機能もありますので、定期的にチェックをしましょう。

　最近は、スパイウェアやアドウェアといったソフトがフリーウェアの中に組み込まれていることも考えられます。これらはウィルス対策ソフトのスキャンだけでは検出できない場合がありますので、怪しいと思われるソフトはダウンロードしても開かないようにしましょう。

■OSやブラウザなどの更新

　Windowsやブラウザなどのソフトウェアは、それ自身のセキュリティホールが見つかることがあります。このような脆弱性があると、メールの添付ファイルなどを開かなくてもウィルスの侵入を許すケースがあります。

　そこで、ソフトウェアのWebサイトで提供されている修正ファイルをダウンロードしてアップデートしましょう。普段からこのような情報に気を付けておくことに加え、できるだけ、修正が必要となった場合に自動更新できる設定にしておきましょう。Windows 10では、[設定]アプリー[更新とセキュリティ]－[Windows Update]を選択すると、利用可能な更新プログラムが表示されます。Windows 10ではアップデート作業は自動的に行われますが、再起動が必要な場合もありますので、画面の指示に従ってください（図5.3）。

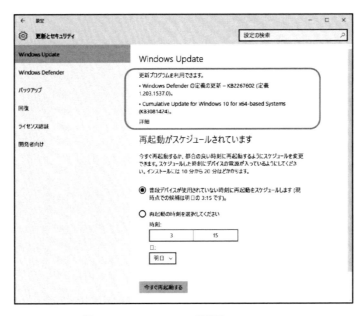

図5.3　Windows Updateの画面(Windows 10)

5.3.2　組織としての対策

　学校や企業といった組織でネットワークに接続されたコンピュータを扱う場合、複数の人が同じコンピュータを利用したり、共通領域にあるファイルを共同で使用したりすることがあります。いったんウィルスが広がると、甚大な被害になることはいうまでもありません。対策としては、まずは前項で取り上げたウィルスのチェックやソフトウェアのアップデートをすべてのコンピュータに行うことが重要です。

　また、もし感染が見つかった場合に少しでも被害を食い止めるために、組織内の管理体制を整えておきましょう。

■ネットワーク全体に対するウィルスチェック

　LANと外部の接続を行うところで、送受信されるデータのスキャンを行い、ウィルスが侵入す

るのを未然に防ぎましょう。また、内部へのアタックを検知して遮断するためのファイアウォールも有効手段です。

■サポートが終了したOSの使用制限

　Windows 7は2020年1月にサポートを終了しました。このようなOSを搭載したコンピュータをネットワークに接続すると、脆弱性を突かれる可能性があり危険です。学校や職場では、サポートが終了したOSやアプリケーションソフトは使わないようにしましょう。どうしても使用しなければならない場合は、ネットワークから切り離して使いましょう。

■メディアやノートパソコンの持ち出し

　USBメモリで自宅のデータを持ち込んだりノートパソコンを持ち出したりした結果、ウィルスに感染するケースがあります。組織内だけでなく、自宅のコンピュータやメディアがウィルスに感染していないことを確認してから、データをやり取りしましょう。

　ウィルスが蔓延するケースの一つとして、自宅のパソコンが感染源となる場合があります。アドレス帳のメールアドレスに大量のメールが送信され会社や学校関係に広がってしまうと、組織は大きな被害を受けますし、原因を究明し沈静化するのに時間がかかります。

　このような事態を未然に防ぐため、セキュリティポリシー (security policy) を組織で策定し、全員の理解を深める必要があります。

■感染した際の対策

　もしウィルスに感染してしまった場合、第一に感染が広がるのを最小限に食い止め、できるだけスムーズに復旧できるようにします。感染した場合の対処は以下のような手順で行います。

1.　感染したコンピュータをネットワークから切り離す。
2.　被害状況を確認する。
3.　ウィルスを駆除する。
4.　IPA等の機関に連絡する。

アクティブラーニング

　次の課題について、調べて発表してみよう。

課題5.3.1　テレワークのために、企業としてどのようなルールを策定するべきか。できるだけ詳細かつ具体的に示しなさい。

課題5.3.2　歴代のWindowsとMS-Officeのサポート終了日を調べなさい。

課題5.3.3　ウィルス対策ソフトについて、市販品とフリーウェアをできるだけ多く調べ、機能を比較しなさい。

課題5.3.4　購入したばかりのコンピュータをインターネットに接続する際、正しい手順を示し、その理由をまとめなさい。

課題5.3.5　組織内のネットワークでウィルスの感染が見つかった場合、復旧するための手順を示しなさい。

課題5.3.6　検疫ネットワークとはどのような仕組みのことか調べなさい。

5.4　マルウェアに関する法律

　コンピュータウィルスは単なるプログラムです。以前はそのようなプログラム自体を作成しても法に触れることはありませんでした。しかし、感染するとデータの破壊や消去などの損害が発生することがありますので、法的措置として業務用のコンピュータについては1987年に「電子計算機損壊等業務妨害罪」（刑法234条の2）が適用されていました。刑法の名称通り、ウィルスに感染させることによりコンピュータに害を与え、業務妨害した場合に処罰対象となります。故意・過失を問わず、ウィルスにより損害が出た場合は5年以下の懲役または100万円以下の罰金刑となります。

●刑法（抜粋：電子計算機損壊等業務妨害）
（電子計算機損壊等業務妨害）
第234条の2　人の業務に使用する電子計算機若しくはその用に供する電磁的記録を損壊し、若しくは人の業務に使用する電子計算機に虚偽の情報若しくは不正な指令を与え、又はその他の方法により、電子計算機に使用目的に沿うべき動作をさせず、又は使用目的に反する動作をさせて、人の業務を妨害した者は、5年以下の懲役又は100万円以下の罰金に処する。

　また、損壊を受けたファイルが公文書もしくは私文書の場合に応じて「公用文書等毀棄罪」（刑法258条）、「私用文書等毀棄罪」（刑法259条）が適用されます。「毀棄」とは「破壊して捨てること」、もしくは「物の効用を滅失させること」です。
　公用文書等毀棄罪は公務所（官公庁等）が作成した文書や電磁的記録（データ）を毀棄した場合に適用されます（3ヶ月以上7年以下の懲役刑）。データにはWebページのように公開されているもの含まれますので、Webページの消去や改ざんもこの刑法が適用されます。私用文書等毀棄罪は他人の文書やデータを毀棄した場合に適用されます（5年以下の懲役）。

●刑法（抜粋：公文書・私文書毀棄）
（公用文書等毀棄）
第258条　公務所の用に供する文書又は電磁的記録を毀棄した者は、3月以上7年以下の懲役に処する。
（私用文書等毀棄）
第259条　権利又は義務に関する他人の文書又は電磁的記録を毀棄した者は、5年以下の懲役に

処する。

　コンピュータウィルスの問題に踏み込んで対処するため、2011年に刑法が改正され、「不正指令電磁的記録に関する罪（コンピュータウィルス罪）」が新設されました。当初はウィルス感染について具体的な被害が出てから刑法が適用されていましたが、この法律により正当な理由なくコンピュータウィルスを作成・提供および取得・保管する行為が処罰対象となりました。例えば、インターネットなどでウィルスの作り方を知ったとしても、そのようなプログラムを作ってはいけません。ウィルスのファイルをダウンロードすることや、人に配信することなども違法行為です。

●刑法（不正指令電磁的記録作成・提供罪）
（不正指令電磁的記録作成等）
第168条の2　正当な理由がないのに、人の電子計算機における実行の用に供する目的で、次に掲げる電磁的記録その他の記録を作成し、又は提供した者は、3年以下の懲役又は50万円以下の罰金に処する。
一　人が電子計算機を使用するに際してその意図に沿うべき動作をさせず、又はその意図に反する動作をさせるべき不正な指令を与える電磁的記録
二　前号に掲げるもののほか、同号の不正な指令を記述した電磁的記録その他の記録
2　正当な理由がないのに、前項第1号に掲げる電磁的記録を人の電子計算機における実行の用に供した者も、同項と同様とする。
3　前項の罪の未遂は、罰する。
（不正指令電磁的記録取得等）
第168条の3　正当な理由がないのに、前条第1項の目的で，同項各号に掲げる電磁的記録その他の記録を取得し、又は保管した者は、2年以下の懲役又は30万円以下の罰金に処する

アクティブラーニング
　次の課題について、調べて発表してみよう。

課題5.4.1　電子計算機損壊等業務妨害罪の具体的な犯罪の事例を調べなさい。

課題5.4.2　不正指令電磁的記録に関する罪（コンピュータウィルス罪）で起訴された事例を調べなさい。

課題5.4.3　SNSにウィルスの作成方法やプログラムを掲載すると、どのような問題があるか調べなさい。また、ウィルスの作成方法を掲載しているWebサイトへのリンクをSNSに貼り付けると、どのような問題があるか調べなさい。

課題5.4.4　ブラウザクラッシャーのURLを掲示板に貼り付けると、どのような問題があるか。具体的な事例を調べなさい。

課題5.4.5　コンピュータウィルスの作成方法を掲載したサイトを見つけたので、まねをしてプログラムを作成し知り合いなどにメールで添付すると、どのような問題が起こるか。できるだけ具体的に説明しなさい。

課題5.4.6　ある学校に「入試問題のファイルを手に入れた。添付ファイルが証拠だ。」という脅迫メールを送信し、添付ファイルを開かせウィルスに感染させると、法律上どのような犯罪となるか調べなさい。

第6章　情報セキュリティ

コンピュータウィルス、個人情報の漏洩、なりすましなど、ネットワークにはさまざまな危険が潜んでいます。インターネットは不特定多数の人が利用しているため、悪意のある人が悪意のない環境を破壊したり、情報を盗んだりすることがあります。したがって、ネットワークを安全に活用するためには、それらの危険性を理解し、それぞれに適切な対処をすることが必要です。

情報セキュリティはこのような危険性から被害を防止するための対策です。この章では、情報セキュリティについて、概念と具体的な方法について学習します。

6.1　情報セキュリティとは

日常の中で、自宅に見知らぬ人が突然上がり込んできたり、金品を盗まれたりするとしたら、心配で生活できません。このような状況を作らないために、生活の安全性を確保することを「セキュリティ」(security) といいます。

これに対して「情報セキュリティ」(information security) とは、コンピュータやネットワークにおける安全性や信頼性を確保することです。不正なアクセスでコンピュータに侵入されたり、通信を盗聴されたり、電子メールの内容を改ざん (falsification) されたりと、さまざまな脅威 (threat) がありますが、情報セキュリティはこのような事態の防止が第1の目的です。また、第2の目的は、もしもコンピュータが脅威にさらされ被害が生じた場合に、できるだけ早く事態を収拾し、システムを回復させることです。

6.1.1　情報セキュリティに求められるもの

情報を管理するにためは、次の2つの基本事項を念頭に置いて、セキュリティ対策を行うべきです。

■情報の機密性

正規ユーザ以外のものがコンピュータにログインしたり、データにアクセスしたりすることを防ぐ必要があります。そのために、まずユーザを確実に認証するためのアカウント（ユーザIDとパスワード）を設定し管理します。

また、正規ユーザであっても、条件によってアクセス可能なデータとそうでないデータを区別する必要があります。そこで、「アクセス権」(access right) の設定を行い、ネットワークやシステムの管理者と一般ユーザの権限を明確化しておきます。

■情報の保存および伝達の安全性

機密性とともに重要なのが保存した情報の安全性です。もし不正アクセスされても、データを第三者に改ざんされたり、破壊や消去されたりしてしまわないようにブロックする必要があります。また、通信の過程においても同様の脅威に対する防止策が必要です。

6.1.2　セキュリティの運用について

組織もしくは個人でセキュリティ対策を運用するには、次の2点に配慮します。

■技術的な対策

ネットワーク全体や個々のコンピュータについて、ウィルスチェックを行ったり、ファイアウォールを設置したりするなど、外部からの有害プログラムや不正侵入を防ぐシステムを確立します。

■運用の管理

ユーザ全員がセキュリティの重要性を理解して、運用規則を守る必要があります。誰か一人が注意を怠ると、外部からの不正な侵入を許し、結果としてネットワーク全体を脅威にさらすことになります。

よって、ネットワークの利用前にその団体に合わせて作成したセキュリティポリシーを確立し、使用者の立場に合った教育を行う必要があります。

6.1.3　ユーザ認証

ネットワーク上では顔の確認ができないので、正規のユーザか、もしくは一般のユーザか管理者かなどをシステムとして正確に見分ける必要があります。これをユーザ認証といいます。つまり、ユーザ認証とはコンピュータシステムで行う本人確認です。

現在、使用されているユーザ認証の方法は以下の3つに大別されます。

1.　ユーザIDとパスワード
2.　カード等の所持品
3.　生体認証

ユーザIDとパスワードは、主にコンピュータやネットワークシステムへのログイン時に利用される、最も一般的な認証の仕組みです。しかし、パスワードは単なる文字列のため盗まれやすいことから、最近では「ピクチャパスワード」を使うシステムもあります。この方式は、写真やイラストなどの画像をログイン画面に表示して、ユーザが登録した場所をマウスでなぞったりクリックしたりすることで認証します。

カード等の所持品による認証は、機密性を保持する必要のあるコンピュータ室などの入退室管理に使われています。

生体認証はバイオメトリックス認証とも呼ばれます。人体の一部を照合することで本人確認を行いますが、まだ普及の過程にあります。

それぞれの特徴を表6.1にまとめます。

表6.1　認証方式と特徴

認証方式	利点	欠点
ID・パスワード	発行や認証の仕組みが簡単	パスワードの漏えい
カード等の所持品	操作がやさしい	紛失、盗難、偽造
生体認証	偽造されにくい	システムが高価

6.1.4　パスワード管理

　最も一般化しているユーザIDとパスワードによる認証は、一番簡単な仕組みでもあります。簡単かつ単純な認証方法ですので、ユーザ自身の管理に対する意識が非常に重要です。うっかりすると、パスワードを巧妙に聞き出されたり、盗み見されたりする危険があります。

■パスワードに対する推定攻撃

　パスワードや暗証番号を盗み出そうとする手口はさまざまです。ログイン時にパスワードを試行しながら破る方法として、以下の2つがよく知られています。

①総当たり攻撃

　1つずつ文字列の組み合わせを変えながら試行を繰り返します。最も単純で時間のかかる攻撃方法ですが、短いパスワードであれば破ることが可能です。ブルートフォース（brute force）攻撃とも呼ばれます。

②辞書攻撃

　辞書にある単語やその組み合わせを使って試行を繰り返します。忘れにくい（思い出しやすい）パスワードを利用したいというユーザが多いことから、このような方法で推定されるケースがあります。

　よって、短い単純な文字列や、辞書にある単語をそのままパスワードとして使用するのは避けるべきです。

■ソーシャルエンジニアリング

　人間の心理的な盲点を突いてパスワードなど重要な情報を聞き出したり盗み出したりすることを「ソーシャルエンジニアリング」といいます。もともとは社会工学という意味ですが、ネットワーク社会においては不正な情報収集の手段という意味で使われています。

　信用できそうな電話やメールに引っかかり、重要な情報を教えてしまう事例がいくつもあります。他にも、本名を出さなくても本人と特定できる情報を伝えてしまうことがあります。ソーシャルエンジニアリングにはさまざまな手口がありますが、そのうちのいくつかを紹介します。

①のぞき見

　ログインする時にのぞき込んで、ユーザIDとパスワードを盗む方法です。「ショルダーハッキ

ング」（shoulder hacking：肩越しの盗み見）ともいわれます。

　これは最も単純な手段ですが、ユーザIDはディスプレイに表示されます。また、パスワードはキー入力の動きから推定可能です。特にタイピングが遅い初心者は指の動きで覚えられてしまい、銀行のATMでも同様の被害が出ています。また、パスワードを書いたメモや携帯端末のメモリに記憶したものを見ながらログインすると、メモの方を盗み見られやすく危険です。よって、パスワードはメモなどに頼らずに素早くタイピングしましょう。また、タイピングやディスプレイをのぞき見ようとしている人がいないか注意してください。

　普段からお互いのマナーとして、ログイン時はディスプレイやキーボードを見ないよう心がけましょう。セキュリティに関して意識の低い人で、IDとパスワードを書いた付箋紙をディスプレイに貼り付けている人がいます。これは、のぞき見以前に犯罪者にわざわざ情報を与えているようなものですので、見つけた場合は注意しましょう。

②ログイン後の放置

　複数の人が利用するコンピュータにログインし、そのまま席を離れるのは危険です。知らないうちにファイルをコピーされたり、メールを盗み見されたりする可能性があります。席を離れてパソコンに自分の目が届かなくなる場合は、少なくともログアウトするか、できれば電源を切りましょう。

③キーロガー

　キーロガー(key logger)とは、もともとキーストロークを記録し、外部へ送信するプログラムです。これをインターネットカフェなどの共用パソコンに仕掛けられると、入力したキーストロークからパスワードを盗まれる危険性があります。よって、共用のパソコンではパスワードなどの大切の情報をむやみに入力しない方が賢明です。

④トラッシング

　「トラッシング」(trashing)とはゴミあさりのことです。回収業者を装い、ごみ箱やごみ集積所から機密情報や個人情報を集めます。ゴミ箱の中に捨てたものに対して、我々はほとんど意識を向けません。しかし、重要な情報が記載された書類や、データが残されたメディアなどが正しく処理されずに捨てらることは多々あります。

　ゴミをあさられた結果、次のような情報が漏れ、悪用されることがあります。

・IDやパスワードを書いたメモ
・領収書、予算書など金融取引に関する情報
・社員や学生などの名簿（個人情報）
・組織の機密情報や会議の議事録

　IDやパスワードはいうまでもありませんが、その他の情報が漏れても非常に危険です。また、CDやパソコンのハードディスクも記憶内容をそのまま残して廃棄すると、ゴミあさりで重要なデータを盗まれるかもしれません。

　よって、ペーパー類はシュレッダーにかけて処理しましょう。また、メディア類は物理フォーマットしたり、カッターナイフで傷を付けたりして読み取り不能な処置をしましょう。最近は、CDやDVDも処理できるシュレッダーを置く企業も増えています。また、ハードディスクに関しては「ファイル消去ソフト」を使って、完全にファイルの痕跡を消してから処分しましょう。

⑤なりすまし

　トラッシングの項でも少し触れましたが、関係者を装って情報を聞き出す手段はよく使われます。システム管理者になりすまして巧妙にIDやパスワードを聞き出そうとするメールも、以前からソーシャルエンジニアリングでよくあるケースです。「ネットワークが接続不良で修復が必要である」とか、「ウィルスに感染している」といった緊急性の高いメールを仕立てたり、組織内の情報をあらかじめ調べて巧みに関係者のふりをしたりして、相手を信用させるためにいろいろ手口を講じてきます。

　なりすましのメールに引っかからないようにするために、「いかなる場合でもユーザIDやパスワードをメールで送信しない」ということを普段から徹底します。企業や学校のシステム管理者のみならず、自分が登録しているWebサイトやネット販売などにおいても同様です。

6.1.5　カードによる認証

　カードはユーザの所持品で認証を行う方式として最も一般的です。しかし、磁気カードのように偽造が簡単なものもあります。実際にスキミングといわれるカード情報を読み取る犯罪が多発しました。

　そこで、プラスチックのカードにICチップを埋め込んだICカードが開発されました。磁気カードより読み取りや偽造が難しいため、現在では主流となりました。ICカードは銀行のキャッシュコーナーなどでも早くから取り入れられていますが、単独で認証するのでなく、パスワード（数桁の暗証番号）と組み合わせて使われます。もし、盗難にあった場合も、暗証番号がわからなければ認証できません。暗証番号は数桁の数字ですと総当たりで破られそうですが、何回か続けて正しいパスワードが入力されない場合、ICカード自体を無効化する仕組みがとられています。また、クレジットカードは、番号の他にセキュリティコードを加える方法で、安全性を高めています。

　マイナンバーカードもICカードの一つです。さまざまな機関に電子申請・届出等を行う場合に、ICカードに記録された電子証明書を利用します。むやみに情報を引き出せないよう、読み取りには専用のICカードリーダライタが必要です。

6.1.6　生体認証

　ユーザ本人の身体の一部（生体情報）を認証に使う方法で、バイオメトリックス認証(biometrics authentication)ともいいます。認証システム自体が高額なため、アカウント方式やICカードほど普及していませんでしたが、最近では下記の指紋認証や顔認証がスマートフォンやタブレット、ノートパソコンなどに取り入れられるようになりました。生体情報は不正コピーされる可能性が低く、より確実な認証方法ですので今後も開発が進められるでしょう。

　現在、一般化しつつある方法をいくつか列挙します。

■指紋

　最も普及している生体認証の方法です。ログイン時やパスワードの入力時に指紋認証を行うパソコンもすでに市販されています。電源を入れても本人が指先で認証しなければ起動できません。

■顔

　顔の特徴である輪郭、目、鼻、口、耳などの位置からユーザを認証します。スマートフォンやタブレットなどに導入されています。カメラの他に特別な機器を必要としません。ただし、眼鏡や頭髪の変化、マスクなどに影響されることがあります。

■虹彩

　目の中に入ってくる光の量を調整する膜のことを虹彩（アイリス：iris）といいます。虹彩のパターンは生後2年ほどで一定し、以後はほとんど変化しません。このパターンによって本人を認証するため、近赤外線カメラで虹彩の部分を検出して、登録されているユーザのパターンと比較します。装置が高価なため、一般向けではありません。

■声紋

　人の声は、声帯が振動し、のどや口・鼻を通って発します。同じ言葉を発声しても、周波数分布を解析すると一人一人別の画像が得られ、これを声紋といいます。声紋による認証は、マイクに向かって特定の言葉や文章を話し、本人のデータと照合する方法です。のどの具合や体調次第で声紋が変化すると、認証が難しいことがあります。

■静脈

　指や手のひらを流れる静脈のパターンから認証する方法です。静脈は複雑なパターンで、かつ体内器官の情報であるため、他の生体認証より偽造が難しい認証方式です。静脈のパターンを読みとるには特別なセンサーが必要ですので、システムは高価になります。

■筆跡

　筆跡にはその人独特のくせが現れます。あらかじめ登録した文字をペンタブレットで入力し、文字の位置や筆圧の変化などからユーザを認証します。装置のペンタブレットは安価ですので、今後一般化が進むかも知れません。なお、筆跡は身体の一部ではありませんので、厳密には生体認証に含まれません。

6.1.7　2段階認証

　システムにログインするときに、認証を2度行うことを2段階認証といいます。2つの異なるパスワードを入力する方式が2段階認証に当たります。本人以外の者が不正に情報にアクセスすることを防止するため、信頼できない端末（通常と異なる端末）からアクセスがあった場合は、2段階認証となる設定をするサービスが増えています。

　これに対し、別の異なった要素の認証を組み合わせた方式を2要素認証といいます。例えば、パ

スワードを入力し、さらに携帯端末のSMSに送信された数値を入力します。単一の方法ではそれを破られると防御できませんでしたが、複数の認証を組み合わせることで攻撃に対する防御力を高めます。パスワードだけでなく、携帯電話を所持していることが認証の条件となるため、高度なセキュリティとなります。SMS以外に指紋認証を使う方法もあります。

アクティブラーニング

次の課題について、調べて発表してみよう。

課題6.1.1　情報セキュリティの3要素・7要素について調べなさい。

課題6.1.2　情報セキュリティにおいて、アクセス管理とはどのような対策か調べなさい。

課題6.1.3　シャドーITとはどのような問題か調べ、対策について説明しなさい。

課題6.1.4　バイオメトリックス認証について、それぞれの特徴や具体的な利用例を説明しなさい。

課題6.1.5　ソーシャルエンジニアリングにはどのような手口があるか。また、それぞれの手口に対する対策を説明しなさい。

課題6.1.6　まんが喫茶のパソコンにキーロガーを仕掛け、他人の個人情報を詐取するとどのような犯罪となるか調べなさい。

6.2　ファイアウォール

ファイアウォール(firewall)とは直訳すると防火壁のことです。インターネットに接続したコンピュータを外敵から守る壁ということで、このように呼ばれます。ファイアウォールは、主に表6.2のような機能をもちます。

表6.2　ファイアウォールの主な機能

主な機能	概　要
アクセス制限	インターネットからの接続を制限する。
アドレス変換	プライベートアドレスをグローバルアドレスに変換する。
ユーザ認証	接続できるユーザであるか認証する。
ログ収集／解析	ファイアウォールを通過したパケットをすべて記録する。
フィルタリング	通過できないデータを判別し遮断する。

ファイアウォールは保護するネットワークの規模によってさまざまな種類が存在します。また、独立したハードウェアとして設置するものと、個々のコンピュータにソフトウェアで組み込むタイプがあります。

6.2.1　フィルタリング

　ファイアウォールは、ある場所で送受信されるパケットの「フィルタリング」(filtering)を行います。フィルタリングとは、設定したルールに基づいて「通過させるパケット」と「遮断するパケット」を選別することで、以下のような手法があります。

■静的フィルタリング

　最も単純なフィルタリングで、あらかじめ設定したIPアドレスやポート番号をもつパケットのみ通過を許可します。設定内容はフィルタリングテーブルというリストで保管されます。このリストをもとにパケットの照合を行い、通過させるか遮断するかを判断します。

■動的フィルタリング

　LANの内部から送信されたパケットについて、フィルタリングテーブルに新しく追記します。追記されたリストの応答パケットがLANの外部から送られてくると、リストと照合して通過させ、通信が終わるとリストから削除します。静的フィルタリングに対して、リストが動的に変更される機能が加わっています。

■高度なフィルタリング

　静的・動的フィルタリングでは、IPアドレスやポート番号などを偽装した不正なパケットまで検出できません。そこで、さらに高度なフィルタリング機能が必要とされてきました。
　「ステートフルインスペクション」(SPI: Stateful Packet Inspection)はパケットの通信状態まで検査するフィルタリングの手法で、矛盾を見つけると遮断する機能をもちます。さらに、送信されてくるデータにウィルスやワームが含まれていないかチェックすることにより、セキュリティ強度を増すことができます。

6.2.2　ファイアウォールの種類

　ここではファイアウォールの種類について説明します。

■ゲートウェイ型ファイアウォール

　企業や学内のLANとインターネットの間に設置する機器をゲートウェイ型ファイアウォールといいます。ゲートウェイ型は組織内において、セキュリティのレベルに応じてLANの内部にも設置されます。
　保護するLANの規模に応じて、表6.3のように性能や値段の異なるゲートウェイ型ファイアウォールがあります。

表6.3　ゲートウェイ型ファイアウォール

ゲートウェイ型ファイアウォール	機能
ルータ	静的フィルタリング
ブロードバンド・ルータ	動的フィルタリング（ステートフル・インスペクション）
小規模 LAN 向けファイアウォール	ステートフル・インスペクション（データ内部のチェック）
大規模 LAN 向けファイアウォール	ステートフル・インスペクション（データ内部のチェック）

■パーソナル型ファイアウォール

　現在、企業や学校のほとんどがファイアウォールやウィルスチェックサービスを行っていますが、自分のコンピュータに関するセキュリティも重要です。パーソナル型ファイアウォールは、個々のコンピュータ（パソコンやサーバ）を危険から守るために組み込まれたソフトウェアのことです。

　Windowsのような OS に初めから組み込まれているものと、OSとは別に市販されている専用ソフトウェアがあります。OS単体でも静的フィルタリングの機能はありますが、Windowsの場合は付属のファイアウォールで動的フィルタリングの設定が可能です。また、市販の専用ソフトにはステートフルインスペクションやデータ内部のチェック機能をもつものもあります。ゲートウェイ型とパーソナル型を併用することにより、より高度なセキュリティが可能になります。

　例として、Windows 10の設定を見てみましょう。［コントロールパネル］－［システムとセキュリティ］－［Windows Defenderファイアウォール］を選択します（図6.1）。ファイアウォールが有効に設定されていますので、外部からの侵入（着信接続）がブロックされています。

図6.1　コントロールパネルの［Windows Defenderファイアウォール］

　ソフトのインストールなどで一時的にファイアウォールの設定を無効化しなければならないときには、図6.1の画面で、［Windowsファイアウォールの有効化または無効化］を選択します。次に図6.2の［設定のカスタマイズ］ウィンドウでファイアウォールを［ファイアウォールを無効にする］に設定し、［OK］をクリックしてください。

図6.2　［設定のカスタマイズ］ウィンドウ

すると、図6.3のように、「Windowsファイアウォールではコンピュータを保護するための推奨設定が使用されていません」と表示されます。作業が終了したら、直ちに有効化して侵入をブロックしましょう。

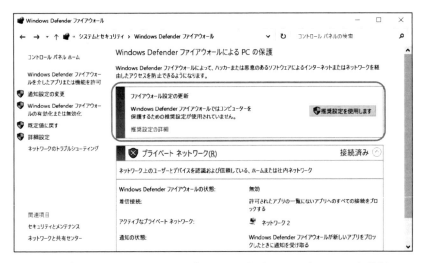

図6.3　［Windowsファイアウォール］ウィンドウ（ファイアウォールの無効化）

6.2.3　公開サーバの設置

ファイアウォールによって外部（インターネット）からも内部（組織内ネットワーク）からも隔離された区域を"DMZ"(DeMilitarized Zone)といいます（図6.4）。日本語では「非武装地帯」や「非武装ゾーン」と訳されます。

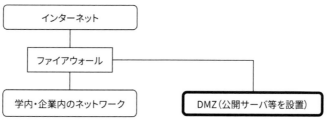

図6.4　DMZ

　DMZはインターネットで公開するサーバ（WWWサーバ、FTPサーバ等）の設置場所として用いられます。外部からの不正アクセスを防ぐとともに、もしサーバを乗っ取られた場合でも組織内ネットワークをファイアウォールで遮断できるからです。

アクティブラーニング

　次の課題について、調べて発表してみよう。

課題6.2.1　ファイアウォールについてフィルタリング機能の性能別に分類し、特徴を述べなさい。また、コンテンツフィルタについて調べなさい。

課題6.2.2　市販のセキュリティソフトにはどのようなファイアウォール機能があるか。具体例を示しなさい。

課題6.2.3　DLP(Data Loss Prevention)について調べなさい。

6.3　バックアップとファイルの管理

　ネットワークにはさまざまな脅威が存在します。ウィルスによるデータ破壊・消去やシステム障害はその一例です。そのようなトラブルに対する備えが「バックアップ」(backup)です。ハードディスクのデータやシステム自体を、別のメディアにそのまま複製しておくことにより、ダメージを最小限にとどめ復旧を早くすることができます。

6.3.1　パソコンのバックアップ

　通常の作業でハードディスクに保存したデータをバックアップするには、外付けのハードディスクドライブ、SSD、SDカード、USBメモリなどの大容量メディアを準備して、複製を作ります。最近は大容量のポータブルなハードディスクも市販されていますので、週に1度、もしくは月に1度など頻度を決めてバックアップすると良いでしょう。
　また、パソコンのシステムが不安定になった場合に備えて、データだけでなくシステム自体のバックアップもしておきましょう。Windows 10の場合、まず、［コントロールパネル］－［システムとセキュリティ］－［バックアップと復元（Windows 7）］を選択します（図6.5）。ここで、左横の［システムイメージの作成］をクリックします。

図6.5　［バックアップと復元（Windows 10)]ウィンドウ

　図6.6の［システムイメージの作成］ウィンドウが表示されますので、保存先を選択して［次へ］をクリックします（この例では、外付けハードディスクを接続して、保存先としています）。

図6.6　［システムイメージの作成］ウィンドウ（保存先の選択）

　図6.7のようにバックアップが始まります（容量やシステムの性能などによって所要時間が異なります）。

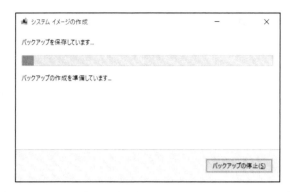

図6.7　［システムイメージの作成］ダイアログ（バックアップドライブの保存）

6.3.2　サーバ機のバックアップ

　サーバ機やデータベースのような大容量機のバックアップは、DAT、DVD-R、磁気テープなどに複製を作ります。

　また、ハードディスクを二重化して、同じ内容のディスクを2つ保持する方法があります。これをミラーリング(mirroring)といい、その構成規格をRAID(Redundant Array of Inexpensive Disks)といいます。二重化されたハードディスクはデータの書き込みが同時に行われますので、一方が故障しても、他方が使用できます。

　しかし、ハードディスクのコントローラやチャネル（channel：データ転送を行う通信路）は共通のため、これらに障害が生じると使用できなくなります。最近では、Webサーバそのものを複製したミラーサーバ(mirror server)を利用することがあります。

6.3.3　通常のファイル管理

　デスクトップ上にフォルダやショートカットがたくさん散らばり、ユーザ本人もどこに何があるのかわかりにくくなっている場合があります。ファイル管理ができていないと、データを散逸したり、ファイルを消去し忘れたりします。これでは機密性の高い情報を安心して保管できません。

　しかし、ファイルの管理が苦手であったり、面倒で放置してあったりする人は意外に多いのではないでしょうか。アプリケーションの使い方は知っているけれど、自分でエクスプローラを使ってファイルの整理ができないユーザをよく見かけます。また、デスクトップ画面が、使わないアイコンや自分自身でも中身がわからないファイルでいっぱいになっていたりします。

　ファイル管理をするためには、少なくとも次のことが確実に操作できるようにしておきましょう。

・ファイルをコピー、移動、消去する。
・フォルダを作成し、ファイルをまとめる。
・外部メディアとデータをやり取りする。
・フォルダをカテゴリ別に分類する。また、階層化する。
・ファイル名を適切な名称に変更する。

　フォルダのカテゴリ別分類に関しては、まず項目をいくつか決めて新しくフォルダを作ってみましょう。そこへ、関連性の高いファイルを移動することにより、徐々に自分のパソコンに適した分類が見えてきます。ファイル名は中身を表すような適切な名称を付けましょう。また、整理できたら必要のないファイルは削除しましょう。

アクティブラーニング

　次の課題について、調べて発表してみよう。

課題6.3.1　バックアップの具体的な方法（差分、増分等）について調べなさい。

課題6.3.2　自分の使用するパソコンやタブレットなどのバックアップ手順を調べなさい。バックアップファイルの保存先（ローカル、クラウドなど）や保存のタイミングなどを、具体的に調べなさい。

6.4　暗号と電子署名

　ファイルのバックアップやパスワード管理など、日常的な危機管理の取り組みによって犯罪の防止がかなり期待できます。しかし、中には通信の「盗聴」やデータの「改ざん」といった高度な技術による犯罪もあります。
　この節では、それらの犯罪に対する防御として使われる「暗号」と「認証」について触れていきます。

6.4.1　暗号通信
　電子メールやブラウジングでネットワークを流れるデータはパケットという単位で表され、そこにはデータやヘッダ（header：送信者、受信者のIPアドレス等）が含まれています。このパケットは、悪意のあるユーザにとって盗聴のねらい目となります。実際にネットワーク上のパケットを受信できるパケットキャプチャソフトもあります。
　よく、電子メールは郵便物の「葉書」にたとえられます。つまり肝心な内容はむき出しで、読もうと思えば読めるということです。それを封印して第三者から守るのが「暗号」（cryptography）というシステムです。暗号通信は現在のネットワーク社会で欠かすことができない仕組みとなり、さまざまなところに組み込まれています。
　もともと送信しようとしているデータを「平文」（plain text）といい、それをある規則により第三者から隠蔽したデータを「暗号文」（cipher text）といいます。送信者は平文を暗号に変換してネットワーク上に送り出します。この変換のことを「暗号化」（encryption）といいます。また、受信者が暗号文を受け取ってもとの平文に戻すことを「復号」（decryption）といいます。「鍵」（key）は暗号化や復号を行うためのデータのことで、この鍵を持っている人同士だけが暗号でやり取りできるわけです。暗号化しないで平文を送信してしまうと、攻撃者にパケットを盗聴される可能性があります。また、暗号化したデータも鍵を盗まれたり推測されたりして「解読」されることがあります（図6.8）。

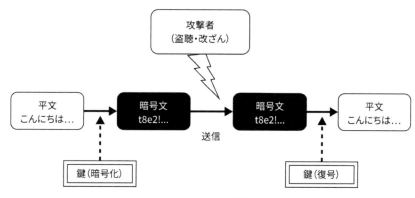

図6.8　暗号通信

　暗号化や復号を行うために使われる仕組みはさまざまなものが研究されていますが、インターネットで多くのユーザが利用可能なシステムでなければなりません。よって、ネットワーク上で用いられる暗号は以下のような条件が必要です。

・暗号の仕組みを複数のユーザで共有できる。
・仕組みを知っていても、鍵がなければ解読が困難である。
・鍵を安全に配送することができる。

6.4.2　暗号の仕組み

　暗号は2つの基本的な仕組みからなります。

■換字

　換字とはある規則に基づいて文字を別の文字に変換することをいいます。変換には変換テーブルを用いる方法と、ビット演算による方法があります。

・変換テーブル

　変換テーブルとは平文と暗号文の文字を1対1に対応させた表のことです。以下の例はアルファベット26文字のみで通信する場合の変換テーブルです。

平　文　　ABCDE…XYZ
暗号文　　KGWQB…CRM

　暗号化の際は、変換テーブルに従いA→K、B→Gというように全てのアルファベットを別の文字へ変換します。復号はこの表を逆方向に利用します。送信者と受信者はこの表を共通の「鍵」としてあらかじめ持ち合い、送受信します。送信するメッセージによっては、アルファベット以外の文字についても変換テーブルが必要になります。

■転置（置換）

　転置とは文字の順序をある規則に従って入れ替える（置き換える）ことです。

　次の例は4文字ごとに平文を区切り、"2413"という鍵に従って文字を入れ替えています。つまり、"2413"は一区切りの中で置き換えられる場所を示します。復号する場合は、反対の操作を行います。

> 平　文　KIND AIKA GAKU（近代科学）
> 鍵　　　2413 2413 2413
> 暗号文　NKDI KAAI KGUA

　換字と転置は非常に古くから戦争などで使われた方式です。仕組みは単純ですが、これらの考え方は後にネットワーク用の暗号を構築する上で重要な基盤となりました。

6.4.3　共通鍵暗号方式
　さて、実際にネットワークで利用されている暗号方式は、暗号化の仕組みを共用し、かつ簡単に鍵や平文が推定できないよう工夫されています。1970年代、アメリカの商務省によりDES(Data Encryption Standard)というネットワーク用に規格化された暗号方式が発表されました。DESは換字と転置を組み合わせた暗号化の仕組みです。
　全体の流れは、64ビットを1つのブロックとして

平文
↓
初期転置　初めに置換表に従って平文を転置する。
↓
換　　字　暗号鍵を使い16段階の換字を行う。
↓
最終転置　置換表に従って最終的な転置を行う。
↓
暗号文

となっています。転置を最初と最後に各1回ずつと、換字を16段階行います。復号は鍵を使う順序を逆にして同じ処理を行います。
　転置や換字に使われる鍵は、送信者と受信者の間であらかじめ交換しておきます。このように同じ鍵をもつ暗号の仕組みを、「共通鍵暗号方式」(common key cryptography)といいます。共通鍵暗号方式による通信の流れを図6.9に示します。

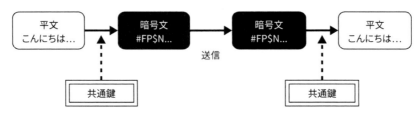

図6.9　共通鍵暗号方式

6.4.4　公開鍵暗号方式

共通鍵暗号方式は互いに同じ鍵を共有するため、鍵をいかにして安全に配送するかという問題がつきまといます。また、通信相手が代わるたびに別の鍵を生成しなければなりませんので、相手が増えてくると鍵の本数も増えてきます。

「公開鍵暗号方式」(public key cryptography)は2本の鍵を生成し、そのうちの1本を公開することができる仕組みです。この方式は共通鍵のもつ鍵の配送や本数増加の問題を一気に解決しました。公開鍵暗号方式の仕組みを図6.10に示します。

図6.10　公開鍵暗号方式

まず、受信者Bは鍵を2本作ります。そのうちの1本は「公開鍵」(public key)として送信者Aに渡します（つまり一般に知られてもよいということです）。もう1本の鍵は「秘密鍵」(secret key)として受信者自身が保管します。次に、送信者Aは渡された公開鍵で平文を暗号化して受信者Bへ暗号文を送信します。暗号文を受け取った受信者Bは、秘密鍵を使って復号します。このアルゴリズムは3人の発案者R.Rivest、A.Shamir、L.Adlemanのイニシャルを取って「RSA暗号」と名付けられました。

鍵を公開できるため、共通鍵暗号方式のように鍵配送の安全性という難点がありません。また、相手によって鍵を変える必要がありませんので、鍵の本数も少なくすみます。

6.4.5　公開鍵の認証機関

公開鍵暗号方式により、鍵配送の問題は解決しました。しかし、例えば銀行の偽装サイトであることに気づかず、公開鍵方式で暗号化して個人情報などを送信してしまうといった恐れもあります。ユーザ側から見て、このような場合に公開鍵がその銀行のものかどうかをユーザが確認するのは困難です。

そこで、認証局(CA: Certificate Authority)という機関を設け、公的に公開鍵の証明を行うシステムが確立されました。受信者側は、公開鍵暗号方式で通信を行う前に、まずユーザ側に対して公開鍵の証明書を提示し、正当性を証明します。

6.4.6　デジタル署名

前項の認証局による証明書発行は、ペーパーによるものではありません。デジタル署名もしくは電子印鑑と呼ばれるシステムを使っています。

「デジタル署名」(digital signature)の仕組みは公開鍵暗号方式の応用です。簡単にいうと、公開鍵暗号方式の秘密鍵と公開鍵の使用順序を入れ替えたものです。すなわち、送信者Aは自分の「秘密鍵」で暗号化した暗号文を受信者Bに送ります。受信者Bは送信者Aの「公開鍵」で復号し

ます。正しく復号できれば、Aの秘密鍵によって暗号化されたデータであることになり、送信者は確かにAということが認証できます。また、データの改ざんがないことも確認できます。書類に署名・捺印し、印鑑証明や筆跡で判断するかわりに、このような方式がネットワーク上の電子商取引に利用されています。

　実際のデジタル署名では、データ全体を暗号化するのでなく、ハッシュ関数(hash function)によりメッセージのハッシュ値という一定長の文字列を求めて、それを暗号化したものとメッセージそのものを一緒に送信します。受信側でもメッセージのハッシュ値を求め、暗号化されたハッシュ値を復号したものと照合します。ハッシュ値はメッセージダイジェスト(message digest)ともいわれます。デジタル署名の手順は以下の通りです（図6.11）。

1. 送信者はハッシュ関数により送信するメッセージのハッシュ値を計算する。ハッシュ関数とは文字列を一定長のデータ（ハッシュ値）に要約する手続きで、逆算できない一方向性の関数のこと。
2. ハッシュ値を送信者の秘密鍵を使って暗号化する。
3. 暗号化したハッシュ値とメッセージを受信者に送信する。
4. 受信者は、受信したメッセージのハッシュ値を求める。
5. 受信者は、受信した暗号化されたハッシュ値を公開鍵で復号する。
6. 2つのハッシュ値を比較する。一致すれば、送信者が確かに本人であることが認証され、さらにメッセージが改ざんされていないことも確認できる。

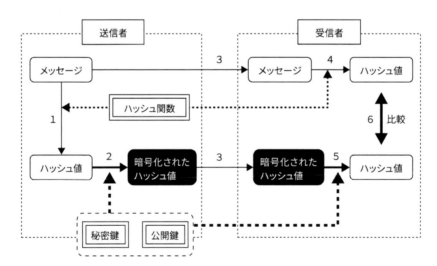

図6.11　デジタル署名

6.4.7　SSL/TLS

　SSL(Secure Socket Layer)とTLS(Transport Layer Security)は、現在Webブラウザにおける商取引で最も広く実用化されている暗号と認証のシステムで、米国のNetscape Communicationsにより開発されたものです。

　送信データの暗号化には高速な共通鍵暗号を用い、この共通鍵を安全に配送するために、公開鍵暗号方式を用いて鍵を暗号化します。ただし、公開鍵は認証局で証明を発行します。つまり、SSLは共通鍵暗号と公開鍵暗号を組み合わせたハイブリッド暗号といえます。

　ブラウザ上でSSLのような暗号システムを用いた通信を行う場合、ブラウザのアドレスは"https"で始まるURLとなります。SSLを利用するにはサーバに証明書を導入します。この証明書は信頼のおける認証局が発行するものです。証明書によって、Webサイトの運営者が確かに証明書に示されるサーバの所有者であることが証明されます。

　以下に、ユーザ（クライアント側）からサーバに対して接続し、SSLの通信が始まってからの流れを示します（図6.12）。

1. WWWサーバから「公開鍵」をクライアント側に送信する。
2. クライアント側で「共通鍵」を生成し、「公開鍵」で暗号化する。
3. 暗号化された「共通鍵」をサーバに送信する。
4. サーバ側で受信した暗号化された「共通鍵」を秘密鍵で復号する。
5. クライアント側でパスワードなどの秘匿するメッセージを「共通鍵」で暗号化する。
6. 暗号化されたメッセージ（暗号文）をサーバに送信する。
7. 復号した共通鍵で受信したメッセージ（暗号文）を復号する。

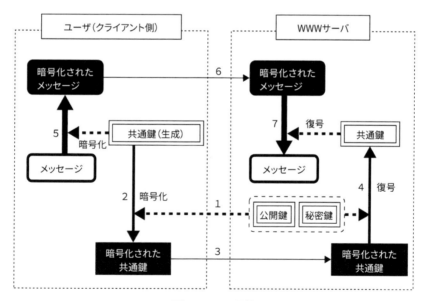

図6.12　SSL通信

アクティブラーニング
　次の課題について、調べて発表してみよう。

課題6.4.1　自分の氏名をローマ字で表し、換字暗号や転置暗号で暗号化しなさい。また、復号し

なさい。

課題6.4.2　共通鍵暗号と公開鍵暗号について、暗号化や復号の仕組みと特徴をそれぞれ説明しなさい。

課題6.4.3　デジタル署名がどのような仕組みで送信者の認証や改ざんされていないことの保証を行っているか調べなさい。

課題6.4.4　SSL/TLSがどのような仕組みで暗号化を行っているか調べなさい。

課題6.4.5　PGPとはどのような仕組みの暗号か説明しなさい。

課題6.4.6　エニグマ暗号について、仕組みや歴史的背景について調べなさい。

課題6.4.7　古代もしくは近代に使われた共通鍵暗号方式の暗号について調べなさい。

6.5　無線LAN

　無線LAN(wireless LAN)は無線通信でデータの送受信をするLANのことです。アクセスポイントとして無線LAN用のルータを設置すれば、ケーブルなしでネットワークを利用できます。ルータは親機となるコンピュータに接続し、そこへ無線LANカードなどを持つコンピュータがアクセスします。

　しかし、無制限に接続を許可すると、そのアクセスポイントが踏み台となって犯罪に悪用される危険性があります。また、無線で電波が飛び交いますので、通信を傍受され情報を盗聴される可能性もあります。そこで、無線LANを設置する場合は以下の2点に注意してください（図6.13）。

①無制限（ANY接続）にせず、アクセスを許可するコンピュータのMACアドレスを登録する。
②通信を暗号化し、万が一、盗聴されても情報を読み取られないようにする。

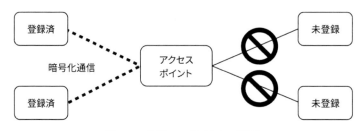

図6.13　無線LANのアクセス制限

　無線LANの暗号化規格は脆弱性が発見されるたびに見直され、改善されてきました。現在ではWPA3という規格が標準となっていますが、この規格も脆弱性が発見されています。つまり、完全な暗号はありませんので、上記のようにアクセス制限をするなどしてセキュリティを高めま

しょう。

　現在、さまざまな場所に公共の無線LANアクセスポイントが設置されるようになりました。中にはパスワードがかかっていないものもあります。このようなアクセスポイントの中には、ハニーポットといって情報を盗む目的で設置されているものもありますので、接続時にはむやみに重要な情報を入力しない方が賢明です。通信速度が速いからといって、うっかりアクセスすると危険が待ち受けているかもしれません。

アクティブラーニング

　次の課題について、調べて発表してみよう。

課題6.5.1　公共の無線LANにアクセスするときの注意点を述べなさい。

課題6.5.2　WEPやWPAなどの暗号化規格について、強度や脆弱性を調べなさい。

課題6.5.3　自宅の近所で、暗号化していない無線LANのアクセスポイントを探してアクセスするいわゆる「ただ乗り」をすると、どのような問題となるか調べなさい。

課題6.5.4　無料のWi-Fiサービスを提供している喫茶店に別のアクセスポイントを持ち込み、接続してきた人の情報を盗み見るとどのような犯罪となるか調べなさい。

6.6　セキュリティポリシー

　ここまでセキュリティについてさまざまなシステムを解説してきましたが、これらを企業や学校で利用し安全なネットワーク利用を実現するためには、組織全体として一貫した姿勢を保つ必要があります。そこで、セキュリティの基盤となるガイドラインを策定します。これをセキュリティポリシーといいます。

　単にセキュリティポリシーを文書化するだけでなく、それに応じた人の配置や機器の選択、ユーザへの教育も必要です。また、セキュリティポリシーには、新たな脅威に対する対策とともに、事故発生時の対応も明記する必要があります。

　セキュリティポリシーの立案から実践、そして見直しは、図6.14に示す4段階で行われます。このモデルはPDCAサイクル(Plan-Do-Check-Act)といわれるものです。情報セキュリティについては新たな脅威が発生したり、当初の予定から外れた問題に直面したりすることがありますので、変化に対応しながら継続的にセキュリティポリシーを見直す必要があります。

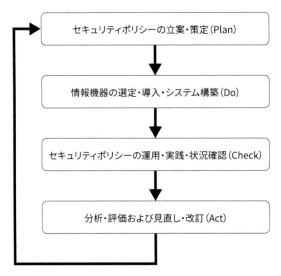

図6.14　セキュリティポリシーのPDCAサイクル

■セキュリティポリシーの立案・策定(Plan)

　まず、セキュリティポリシーを立案するにあたり、企業や学校等がどのような情報を持ち、何をネットワークで利用するか、またどのような情報を外敵から守るかといった分析を行います。利用される情報とそれに対する危険性から、具体的なセキュリティ対策を立案していきます。例えば、ユーザID・パスワードの管理、不正アクセスやウィルス、ワームに対する防御等です。

　さらに、ウィルス感染や情報漏えいなどの危機にさらされた場合、被害を最小限に抑えつつ、正常な状態に戻すための手順も必要です。

■ネットワーク機器の選定・導入・構築(Do)

　この段階ではセキュリティポリシーに応じた機器の選定と導入を行います。また、各機器やソフトウェアの設定も行います。このとき、運用する人のスキルや人数などを考慮する必要があります。具体的にはアクセス権の設定、ファイアウォールの構築等です。

■セキュリティポリシーの運用・実践・状況確認(Check)

　機器の構成の後は実践段階に入ります。まず、組織のメンバー全員に対して、セキュリティポリシーの目的や意味を理解させた上で遵守するよう教育します。また、運用しながらシステムの更新作業を行ったり、ウィルス情報、外部からのアタックなどについて記録を取り、状況を確認したりします。

■分析・評価および見直し・改訂(Act)

　運用したセキュリティ対策について、機器の設定や管理方法は適切か、構成メンバーがルールを遵守できたかなどを分析します。無理な点や不十分な点は改訂を行います。

　このように、セキュリティポリシーは一度策定すれば終了というものではなく、上記の4段階

を繰り返しながら運用していくことが重要です。特に情報の分野は日々進化していますので、新しい問題が発生した場合、できるだけ迅速かつ柔軟に対処することを心がけましょう。

アクティブラーニング

　次の課題について、調べて発表してみよう。

課題6.6.1　自分の所属する大学や企業のセキュリティポリシーについて調べなさい。

索引

著者紹介

山住 富也 (やまずみ とみや)

1991年 中部大学大学院博士後期課程修了
1994年 工学博士
現在 名古屋経済大学経営学部教授／情報センター長

著書
『改訂新版 初めてのTurboC＋＋』(共著)，技術評論社，1994.
『Pascalの基礎』(共著)，ムイスリ出版，1994.
『理系のためのVisualBasic 6.0実践入門』(共著)，技術評論社，1999.
『コンピュータ活用技術』(共著)，朝倉書店，2002.
『ネットワーク社会の情報倫理』(共著)，近代科学社，2005.
『理系のためのVisualBasic 2005実践入門』(共著)，技術評論社，2007.
『モバイルネットワーク社会の情報倫理』，近代科学社，2009.
『モバイルネットワーク社会の情報倫理 第2版』，近代科学社，2015.
『はじめての3DCGプログラミング 例題で学ぶPOV-Ray』，近代科学社Digital，2020.

◎本書スタッフ
編集長：石井 沙知
編集：山根 加那子
図表製作協力：菊池 周二
表紙デザイン：tplot.inc 中沢 岳志
技術開発・システム支援：インプレスR&D NextPublishingセンター

●本書の内容についてのお問い合わせ先
近代科学社Digital メール窓口
kdd-info@kindaikagaku.co.jp
件名に「『本書名』問い合わせ係」と明記してお送りください。
電話やFAX、郵便でのご質問にはお答えできません。返信までには、しばらくお時間をいただく場合があります。なお、本書の範囲を超えるご質問にはお答えしかねますので、あらかじめご了承ください。

●落丁・乱丁本はお手数ですが、インプレスカスタマーセンターまでお送りください。送料弊社負担にてお取り替えさせていただきます。但し、古書店で購入されたものについてはお取り替えできません。
■読者の窓口
インプレスカスタマーセンター
〒 101-0051
東京都千代田区神田神保町一丁目 105番地
info@impress.co.jp

ソーシャルネットワーク時代の
情報モラルとセキュリティ

2023年8月11日　初版発行Ver.1.0

著　者　山住 富也
発行人　大塚 浩昭
発　行　近代科学社Digital
販　売　株式会社 近代科学社
　　　　〒101-0051
　　　　東京都千代田区神田神保町1丁目105番地
　　　　https://www.kindaikagaku.co.jp

印刷・製本　京葉流通倉庫株式会社
Printed in Japan

ISBN978-4-7649-0668-6

近代科学社 Digital は、株式会社近代科学社が推進する21世紀型の理工系出版レーベルです。デジタルパワーを積極活用することで、オンデマンド型のスピーディで持続可能な出版モデルを提案します。

近代科学社 Digital は株式会社インプレスR&D が開発したデジタルファースト出版プラットフォーム "NextPublishing" との協業で実現しています。